安徽省高等学校"十二五"规划教材
高职高专国家骨干院校重点专业建设规划教材
管 理 工 程 系 列

国际货运代理实训指导书

GUOJI HUOYUN DAILI SHIXUN ZHIDAOSHU

程世平◎主　审
胡　勇◎主　编
朱丽娜◎副主编

北京师范大学出版集团
安徽大学出版社

图书在版编目(CIP)数据

国际货运代理实训指导书/胡勇主编. —合肥:安徽大学出版社,2016.1(2021.1重印)
高职高专国家骨干院校重点专业建设规划教材. 管理工程系列
ISBN 978-7-5664-1018-4

Ⅰ.①国… Ⅱ.①胡… Ⅲ.①国际货运－货运代理－高等职业教育－教材 Ⅳ.①F511.41

中国版本图书馆 CIP 数据核字(2015)第 245029 号

国际货运代理实训指导书

胡 勇 主编

出版发行:	北京师范大学出版集团 安 徽 大 学 出 版 社 (安徽省合肥市肥西路3号 邮编230039) www.bnupg.com.cn www.ahupress.com.cn
印　　刷:	合肥添彩包装有限公司
经　　销:	全国新华书店
开　　本:	184mm×260mm
印　　张:	9
字　　数:	213 千字
版　　次:	2016年1月第1版
印　　次:	2021年1月第2次印刷
定　　价:	22.00元

ISBN 978-7-5664-1018-4

策划编辑:李 梅　武溪溪	装帧设计:张同龙　李 军
责任编辑:武溪溪　李 栎	美术编辑:李 军
责任校对:程中业	责任印制:赵明炎

版权所有　侵权必究

反盗版、侵权举报电话:0551－65106311
外埠邮购电话:0551－65107716
本书如有印装质量问题,请与印制管理部联系调换。
印制管理部电话:0551－65106311

序

《教育部关于全面提高高等职业教育教学质量的若干意见》(以下简称"《意见》")明确提出:课程建设与改革是提高教学质量的核心,也是教学改革的重点和难点。高等职业院校要积极与行业企业合作开发课程,根据技术领域和职业岗位(群)的任职要求,参照相关职业资格标准,改革课程体系和教学内容,突出职业能力培养的课程标准,规范课程教学的基本要求,提高课堂教学质量。同时,《意见》指出,开展课程建设需要改革教学方法和手段,将教、学、做融为一体,强化学生能力的培养。另外,院校还应加强教材建设,同行业企业合作开发与生产实际紧密结合的实训教材。

安徽交通职业技术学院将物流管理专业作为学校的重点建设专业,坚持以就业为导向,以提高学生的综合职业能力为主线,通过校企合作,重点开发了"仓储管理实务""运输实务""物流市场营销""国际货运代理实务"等优质核心课程。

在课程的开发过程中,我们采取了企业调研、岗位访谈、熟悉企业业务流程和工作标准等形式,根据不同类型企业的特点,总结出具体岗位典型的工作任务,通过建立项目的形式,按照实施的步骤,体现具体的知识点与技能要点,在工作中提高技能,在技能提高中学习知识,真正实现"工学结合"。

为了更好地突出对学生技能的培养,我们专门开发了相关核心课程的实训指导书,从而有利于实现真正的技能训练、真正的工学结合。通过相应的实训,学生可以胜任物流企业基层岗位的工作。

参与本套教材编写的人员不仅有学院的教授、博士等,而且有来自企业的管理者、一线专家,他们为这套教材的编写提供了丰富的素材和鲜活的教学经验,力求使其符合高等职业教育的规律和特点,努力为教学改革与教学实践提供高质量的教材。我十分感谢他们的无私奉献。

程世平
2015 年 12 月

前　言

改革开放以来,我国外贸事业取得了蓬勃发展。世界贸易组织相关资料显示,我国进出口贸易总额均位列世界第一。国际货运代理作为国际贸易的派生行业,在国际贸易运输中具有极其重要的地位和独特的作用。国际货运代理企业在继承传统代理业务特点的基础上,按照全球经济一体化和现代物流管理的要求,以最大的限度满足客户的需求和提高社会效益。同时,国际货运代理企业以实现企业综合竞争力和提高效益为目标,在企业结构、制度、经营模式、管理方法与手段等方面进行适应性改革。

国际货运代理既具有操作性和实务性的特点,又具有很强的系统性和明显的边缘性特点。学好这门学科,不仅需要国际贸易、国际航运等相关知识,而且需要管理、法律、经济、人文、地理等理论知识作为支撑。

本书每个项目内容由实训目标、知识准备、实训方法和实训项目4个部分构成,其中,实训项目包括情境资料、实训说明、实训要求和实训考核。其结构与模式突破了传统,按照货运代理企业业务流程,由分项到综合,由简单到复杂进行练习,不但为货运代理行业人力资源的培训提供了很好的理论基础与知识框架,而且为从事货运及相关行业的企业及其从业人员提供了有益的借鉴。

本书由安徽交通职业技术学院胡勇老师担任主编,深圳国泰安教育技术股份有限公司朱丽娜担任副主编,安徽交通职业技术学院程世平教授、博士担任主审。其中,范爱理负责项目一和项目十二的编写,章筱蕾负责项目十和项目十一的编写,沙芳负责项目三和项目四的编写,胡勇负责项目二、项目五、项目七、项目八、项目九和综合实训一的编写,朱丽娜负责项目六和综合实训二的编写。

本书在编写过程中参考了许多相关书籍,同时,得到了外贸企业从业人员的大力支持,在此深表感谢。由于时间仓促,加上编者水平有限,故书中不足之处在所难免,欢迎广大读者予以指正,以便日后修正,使其完善。

编　者
2016 年 1 月

目 录

项目一　组建模拟货运代理公司 ……………………………………… 1

项目二　出口订舱实训 …………………………………………………… 4

项目三　出口货物代理报检实训 ………………………………………… 12

项目四　出口货物代理报关实训 ………………………………………… 24

项目五　出口货物运输保险操作实训 …………………………………… 37

项目六　海运杂货班轮货运出口业务实训 ……………………………… 48

项目七　海运集装箱整箱货出口业务实训 ……………………………… 62

项目八　海运集装箱整箱货进口业务实训 ……………………………… 74

项目九　海运集装箱拼箱货出口业务实训 ……………………………… 82

项目十　航空出港货物货运代理业务实训 ……………………………… 87

项目十一　航空进港货物货运代理业务实训 …………………………… 94

项目十二　国际货运事故处理实训 ……………………………………… 99

综合实训一 ………………………………………………………………… 104

综合实训二 ………………………………………………………………… 122

参考文献 …………………………………………………………………… 133

项目一　组建模拟货运代理公司

实训目标

巩固有关货运代理知识及相关法律知识,为今后货运代理业务实训打下坚实的基础。

知识准备

1. 国际货运代理

国际货运代理是指受委托人委托或授权,代办各种国际贸易、运输所需要服务的业务,并收取一定报酬,或作为独立的经营人完成并组织货物运输、保管等业务。

2. 服务内容

(1)代表发货人(出口商)选择运输路线、运输方式和适当的承运人;向选定的承运人提供揽货、订舱;提取货物并签发有关单证;研究信用证条款和所有政府的规定;包装、储存、称重和量尺码;安排保险;货物抵达港口后办理出口报关及单证手续,并将货物交给承运人;进行外汇交易、支付运费及其他费用;收取已签发的正本提单,并交付发货人;安排货物转运;通知收货人货物动态;记录货物灭失情况;协助收货人向有关责任方进行索赔。

(2)代表收货人(进口商)报告货物动态;接受和审核所有与运输有关的单据;提货和付运费;安排进口报关、付税和其他费用;安排运输过程中的存仓;向收货人交付已结关的货物;协助收货人储存或分拨货物。

(3)作为多式联运经营人,收取货物并签发多式联运提单,承担承运人的风险责任,对货主提供一揽子的运输服务。

(4)其他服务,如监装、监卸、货物混装和集装箱拼装、拆箱、运输咨询服务等。

(5)特种货物挂装运输服务及海外展览运输服务等。

3. 服务对象

从国际货运代理人的基本性质来看,货运代理主要是接受委托方的委托,就有关货物运输、转运、仓储、装卸等事宜,一方面与货物托运人订立运输合同,另一方面与运输部门签订合同。对货物托运人来说,货运代理是货物的承运人。

实训方法

按模拟公司分组,通过查找相关商务公司信息来完成模拟公司主要机构与人员的设置。

(1)阅读教材有关国际货运代理的相关知识。

(2) 网上查询货运代理公司和出口贸易公司的相关信息。

(3) 通过填写表格中的主要公司信息来完成模拟货运代理公司的组建。

实训项目

1. 情境资料

经过一番努力,该货运代理公司终于获得有关部门的许可,成立了××国际货运代理公司。

2. 实训说明

公司名称、地址及联系方式:自拟。

经营范围:经营范围通常指为客户(委托人)提供某种服务,如办理货物进出口单证、配额、商检、报关、仓储、拖车等。

企业经营性质:企业经营性质包括全民所有制企业、集体所有制企业、联营企业、三资企业(中外合资企业、中外合作企业和外商独资企业)、私营企业及其他性质的企业。

经营模式:经营模式包括贸易型、服务型、生产型等。

主要市场:主要市场是指公司的业务范围,如西欧、东欧、东亚、东南亚、中东、非洲等。

3. 实训要求

任务1 根据小组情况,上网查找相关信息,完成下述表格的填写,并向大家介绍本公司的基本情况。

表1-1 货运代理公司基本信息表

公司名称	(中文)		
	(英文)		
公司地址	(中文)		
	(英文)		
联系方式	TEL.:	FAX:	E-mail:
经营范围		企业经济性质	
经营模式		法人代表/负责人	
公司注册地		员工人数	
公司成立时间		年营业额	
主要市场		业务员	
代理权限		代理类型	

备注:

(1) 公司名称要贴切、响亮、中英对照、有一定寓意。其格式为:地域名+××××+国际物流(国际货运、国际货运代理、国际运输等)有限公司。

(2) 各小组推选一名同学阐述公司名称及其含义、汇报公司的经营范围。学生投票选出排名在前2位的公司。

任务2 查找、整理客户信息。

每个学生通过网络查询3个以上潜在客户的信息,自己汇总,并整理在下面表格中。

表1-2　潜在客户信息汇总

序号	公司名称	联系人	公司地址	主要业务	(补充自己认为必要的其他信息)
1					
2					
3					

4．实训考核

表1-3　项目一实训考核表

小组成员					
		评分			
序号	考核标准	分值(分)	自评(20%)	小组(30%)	教师(50%)
1	公司名称响亮、有比较好的寓意	20			
2	潜在客户选择得当	20			
3	汇报PPT制作精美,汇报语言专业、流畅	20			
4	逻辑关系清晰	20			
5	实训指导书填写规范、完整	20			
评价人签名					
综合得分					
评语					

签名

年　月　日

项目二　出口订舱实训

实训目标

熟悉出口订舱的基本流程；
规范填写订舱委托书；
正确选择集装箱类型、计算数量以及确定运费。

知识准备

1. 出口托运操作流程

在实务中，国际货物运输以海运和空运为主，下面着重介绍海运和空运的托运操作流程。

(1) 出口货物海运托运操作流程。出口货物海运托运流程根据运输货物的形式不同，分为件杂货班轮托运与集装箱货物托运2类，由于绝大部分是集装箱货物托运，所以下面重点介绍集装箱货物托运操作流程。

①外贸企业填制订舱委托书，委托货运代理公司办理货物运输相关手续。

②货运代理公司接受外贸企业的委托，填制托运单，向船公司提出订舱申请。

③船公司同意承运后，将装货单、配舱回单等退还给货运代理公司，要求托运人（外贸企业）将货物按规定时间送达指定码头仓库。

④货运代理公司通知外贸企业已订舱。

⑤外贸企业或其货运代理公司到船公司的空箱堆场按订舱规定的数量提取空箱并装箱。装箱方式分为门到门、内装箱及自拉自送3种。

⑥外贸企业将货物按规定时间运送至码头仓库，交至理货公司，完成货物集港任务。

⑦码头堆场接受指定货物后，签发场站收据给货运代理公司。

⑧外贸企业准备好出口报关单据并寄送给货运代理公司，由其委托报关行向海关报关，海关审查合格后，在装货单上盖放行章，货物报关完成。

⑨待运货物按要求被装上指定载货船舶。

⑩货运代理公司通过使用船舶代理公司信息系统，打印海运提单确认书并传真给外贸企业确认。经外贸企业确认后，货运代理公司在海运提单申领单上盖章并凭此到船舶代理公司处领取正本海运提单，再将其寄给外贸企业。

(2) 出口货物空运托运操作流程。

①托运和预配舱。首先，外贸企业填写国际货物托运委托书，作为货主委托货运代理公司承办航空货物出口托运的依据。然后，货运代理公司填制托运单并向航空公司办理出口订舱托运手续。货运代理公司对相关单证进行审核后，进行预配舱，初步确定航

班和日期,并通知货主交单、交货。

②收运货物。货运代理公司对货主送进仓的货物必须进行称重、丈量、清点、核对数量、核对唛头并贴分标签。对于特殊货物,如鲜活易腐品、贵重物品、冷冻品、危险品,必须按照航空公司的要求检查货物的包装、品质等是否符合各种运输规定。

③正式订舱。货运代理公司根据实际接收并已被海关放行的货物,按待运货物的数量、重量、体积与实际舱位进行配舱,并向航空公司吨控部门正式订舱。经吨控部门确认舱位后,货运代理公司领取集装器装货。

④装货出库,航空签单。经航空公司确认舱位的货物,由货运代理公司填制该货物的总运单并送交航空公司签发;在准备文件的同时将货物装在航空集装器上,并缮制集装货物组装记录;将货物、总运单和随机文件一起交航空公司验收,等待装运。

(3)集装箱整箱运输中货物的装箱方式。集装箱整箱运输中货物的装箱方式分为门到门、内装箱和自拉自送3种方式。

门到门是指货运代理公司为客户提供货物运输的门到门方式,即货运代理公司从承运人处提取空箱,送至客户所在地,将货物装箱、封铅,并由货运代理公司将重箱自客户所在地运至港区集港,安排重箱装船运输至目的地,再由货运代理公司在进口地的代理机构或分支机构负责将重箱送至进口商仓库或进口商指定的其他地方,实现货物的门到门运输。

内装箱是指货运代理公司将空箱提回到自己的货运站,向客户发出"发货通知书"或"进仓通知书",要求客户在指定期限内将指定货物送至指定货运站,在货运站内完成货物装箱、封铅,然后向客户出具"货物进仓接收单"或"入库单",再由货运代理公司安排将重箱送至港区。

自拉自送是指货运代理公司完成订舱,并向承运人提出用箱申请后,由客户自己派车队提取空箱,送至客户货物存储地,并在货物装箱后,由客户将重箱按港区要求集港。

2. 常见干货柜的技术规范(仅供参考)

表 2-1　常见干货柜的技术规范

集装箱类型	箱内尺寸($m\times m\times m$)	最大总重(kg)	内容积(m^3)
20ft 柜	$5.899\times2.352\times3.393$	24,000	33.2
40ft 柜	$12.032\times2.352\times2.393$	30,480	67.2
40ft 高柜	$12.032\times2.352\times2.698$	30,480	76.4
45ft 高柜	$13.556\times2.352\times2.698$	30,480	86.0
40ft 开顶	$12.029\times2.352\times2.339$	30,480	66.2
20ft 平底柜(折叠箱)	$5.638\times2.210\times2.233$	30,000	—
40ft 平底柜(折叠箱)	$12.18\times2.230\times1.955$	45,000	—

实训方法

按照任务要求,阅读教材相关内容,分角色进行实训。

(1)缮制一份海上货物(整柜)托运单。

(2)根据客户托运书,确定箱型、箱量。

(3)选择航线并计算运费,确定船公司。
(4)完成订舱单的填写。

实训项目

1. 情境资料

(1)信用证。

ISSUE OF A DOCUMENTARY CREDIT

ISSUING BANK:ASAHI BANK LTD.,TOKYO
SEQUENCE OF TOTAL:1/1
FORM OF DOC. CREDIT:IRREVOCABLE
DOC. CREDIT NUMBER:ABL-AN107
DATE OF ISSUE:20140405
EXPIRY:DATE 20140615 PLACE CHINA
APPLICANT:ABC CORPORATION,OSAKA,JAPAN
BENEFICIARY:GUANGDONG TEXTILE IMP. AND WEP. WOOLEN KNITWEARS COMPANY LTD.168 XIAOBEI ROAD,GUANGZHOU 510045,CHINA
AMOUNT:USD 55,050.00
AVAILABLE WITH/BY:ASAHI BANK LTD.,NEW YORK BRANCH BY NEGOTIATION
DRAFTS AT:DARFT AT SIGHT FOR FULL INVOICE VALUE
DRAWEE:ASAHI BANK LTD.,TOKYO
PARTIAL SHIPMENTS:ALLOWED
TRANSSHIPMENT:ALLOWED
LOADING IN CHARGE:GUANGZHOU PORT
FOR TRANSPORT TO :OSAKA,JAPAN
LATEST DATE OF SHIP:20140531
DESCRIPTION OF GOODS:LADIES GARMENTS AS PER S/C No.SH107
PACKING:10PCS /CTN

ART No.	QUANTITY	UNIT PRICE
STYLE No. AH-04B	1,000PCS	USD5.50
STYLE No. ROCOCO	1,000PCS	USD5.10
STYLE No. BORODAO	1,000PCS	USD4.50
STYLE No. FLORES	1,500PCS	USD4.80
STYLE No. PILAR	1,000PCS	USD4.00
STYLE No. ROMANTICO	500PCS	USD8.00

PRICE TERM:CIF OSAKA
DOCUMENTS REQUIRED: * 3/3 SET OF ORIGINAL CLEAN ON BOARD OCEAN BILLS OF LADING MADE OUT TO ORDER OF SHIPPER AND BLANK ENDORSED AND MARKED"FREIGHT PREPAID "NOTIFY APPLICANT(WITH

FULL NAME AND ADDRESS)

  *ORIGINAL SIGNED COMMERCIAL INVOICE IN 5 FOLD

  *INSURANCE POLICY OR CERTIFICATE IN 2 FOLD ENDORSED IN BLANK, FOR 110 PCT OF THE INVOICE VALUE COVERING THE INSTITUTE CARGO CLAUSES CLAIMS TO BE PAYABLE IN JAPAN IN THE CURRENCY OF THE DRAFTS

  *CERTIFICATE OF ORIGIN GSP FORM A IN 1 ORIGINAL AND 1 COPY

 ADDITIONAL COND.:1. T. T. REIMBURSEMENT IS PROHIBITED

  2. THE GOODS TO BE PACKED IN EXPORT STRONG COLORED CARTONS

  3. SHIPPING MARKS:ITOCHU OSAKA

  No. 1～600

 DETAILS OF CHARGES:ALL BANKING CHARGES OUTSIDE JAPAN INCLUDING REIMBURSEMENT COMMISSION ARE FOR ACCOUNT OF BENEFICIARY

 PRESENTATION PERIOD:DOCUMENTS TO BE PRESENTED WITHIN 10 DAYS AFTER THE DATE OF SHIPMENT, BUT WITHIN THE VALIDITY OF THE CREDIT

 CONFIRMATION:WITHOUT

 INSTRUCTION:THE NEGOTIATION BANK MUST FORWARD THE DRAFTS AND ALL DOCUMENTS BY REGISTERED AIRMAIL DIRECT TO US IN TWO CONSECUTIVE LOTS, UPON RECEIPT OF THE DRAFTS AND DOCUMENTS IN ORDER, WE WILL REMIT THE PROCEEDS AS INSTRUCTED BY THE NEGOTIATING BANK

(2)相关资料。

表2-2 相关资料信息

发票号码	SH-25757	发票日期	ARP. 20,2014	FORM A 号码	GZ8/27685/1007
单位毛重	15.40kg/CTN	单位净重	13.00kg/CTN	单位尺码	(60×20×50)cm/CTN
船名	DIEK355 V.007	原材料情况	完全自产品	集装箱号码	SOCU1285745/20' MAKU5879524/40'
提单号码	KFT2582588	提单日期	MAY 15,2014	保险单号码	PIC200178141

2.实训说明

(1)订舱委托书内容说明。

①Shipper(收货人/托运人)。分2行填写发货人公司英文名称和地址。

②Consignee/Notify(收货人/通知人)。信用证付款条件下通常填写"TO ORDER"或"TO ORDER OR ISSUING BANK"字样,分3行填写被通知人(按L/C规定)公司英文名称、地址、电话号码和传真号码。

③Port of loading/Port of delivery[起运港(装货港)/目的港]。不仅要填写港口名称,而且要填写港区名称,如深圳港盐田港区、广州港南沙港区等。

④Vessel/Voyage(预配船名/航次)。托运单暂不填该项,待日后补充材料(补料)(在装货单S.O.中出现)。

⑤运输方式。填写海洋运输、航空运输、铁路运输等运输方式。

⑥起运港和目的港。根据S/C或L/C规定填写港口名称。

⑦转运和分批装运。若S/C或L/C规定了转运港,则要标出转运港,否则,只要标注是否允许转运即可。若L/C没有规定是否允许转运,则根据UCP600规定,允许转运。

关于分批装运,只要标注是否允许分批装运即可。若L/C没有规定是否允许分批装运,则根据UCP600规定,允许分批装运。

⑧Freight/Payment Terms(运费/运费条款)。这里的运费是班轮公司与订舱者事先商定好的运费,也包括各种附加费的名称及数额。班轮公司最后将向订舱者收取该项双方认定的费用。运费条款是指运费预付(Freight prepaid)或是运费到付(Freight collect)。运费预付是指班轮公司签发提单时,托运人必须付清运费及其他相关费用后,方能取得提单。运费到付是指货物到达目的港后,收货人必须付清运费及其他相关费用后,方能提取货物。

⑨正本提单份数。若L/C未规定正本提单份数,一般要求2~3份正本。

⑩Commodity/Weight(货物名称/重量)。这是向班轮公司说明装载的是什么货物,班轮公司可以根据货物名称判断货物是普通货物还是危险品。大部分班轮公司是不接受危险品的,只有具备专用设备的班轮才接受危险品。在集装箱运输中,虽不按货物的重量计算运费,但班轮公司及一些国家的港口对各种箱型的集装箱都有限制装载重量的标准,如20'GP箱载重不得超过18吨,40'GP箱载重不得超过26吨等。

⑪包装件数和唛头。根据装箱单填写外包装件数和唛头。

⑫总毛重和总体积。根据装箱单填写总毛重、总体积。

⑬装运期限和预订船期。按照S/C或L/C填写装运期限,但同时要结合实际备货情况在"注意事项"栏目写明预订船期。

⑭Volume(预配箱型及箱量)。这是表示订舱者要订多少个什么箱型的数量,一般以×20'GP或×40'GP来表示,在"×"前填写数字,表示订多少个这种箱型的集装箱。

⑮集装箱装箱方式。填写门到门、内装箱或自拉自送等集装箱方式。若选择门到门方式,往往要同时标注工厂货物仓库地点、联系人姓名、电话号码等信息。若选择内装箱或自拉自送方式,则要填写货代公司传真、进仓地址和编号。

⑯特殊条款。该栏目往往用于填写提单的特殊条款,如对集装箱的冷冻、熏蒸等特殊要求条款。

⑰Cargo-Release(放货方式)。这是订舱者向班轮公司要求货物到达目的港后,是采取凭正本提单(Original B/L)还是海运单(Sea waybill)或电放(Telex release)的方式将货物放行给收货人。

⑱Signature(签名盖章)。订舱单只有在订舱者签名盖章后才能生效,至于是在电脑上还是网络上订舱,双方则会采用其他确认方式。

(2)国际货运代理公司的操作员向船公司或船公司代理订舱。订舱确认书应注意以下事项:

①订舱号(Booking No.)。订舱号是船公司按货物到达的不同港口统一编制的,不会重复,也不会混港编号,最终签发的提单号也与订舱号相同。

②船名/航次。检查船公司安排的船名、航次是否与订舱单上所预订的船名、航次一致,若不一致,应弄清原因,并与客户联系,决定货物是否装船。

③箱型、箱量。检查箱型、箱量是否与订舱单上预订的箱型、箱量一致,若不一致,需要跟船公司重新确认。

④收货地、装货港。这是船公司确定接收货物的地方与装载货物的港口,在通常情况下,两者一致。

⑤卸货港、交货地/目的地。这是船公司确定的货物将运往的卸货港及交付货物的地点,是重点检查的项目。船公司确认的地点必须与订舱时的要求一致,因为世界上很多港口名称相近,所以一定要认真核对,以免货物送错港口。

⑥开舱时间、截关时间。开舱时间指的是可以开始在集装箱堆场提取某一航次集装箱空箱的日期,一般安排在船舶到达前一星期左右。截关时间原是指截止签发装货单的日期,班轮公司对每一航次在装货开始前一段时间截止签发装货单,由于装货单又常称为"关单",所以截止签发装货单的时间称为"截关时间"。在集装箱装运中通常所说的"截关时间",实际上是集装箱堆场截止接受该航次重箱的时间。这个时间一般是预装船舶抵港的前一天或抵港的当天,有具体的钟点限制,如截关时间:2014/08/08 12:00。

⑦截止收取提单补料的时间、截止收放行条的时间。

⑧提箱单换领地点。

⑨空箱提取地点、重箱返回地点。

⑩其他注意事项。集装箱的免费堆存期;订舱确认单上标明的集装箱的限装重量;若需要安排集装箱拖车,则要求提供装货地点、时间、联系人等;若需要代理报关,则要求提供报关单证等。

3. 实训要求

根据背景资料及相关说明,完成以下2个任务。

任务1 以外贸企业单证员身份,填写订舱委托书。

表2-3 出口货运代理委托书

出口货运代理委托书

	HAS编号	
	货主运编号	
	委托日期	

委托单位名称					
提单(B/L)项目要求	发货人： Shipper：				
	收货人： Consignee：				
	通知人： Notify Party：				
第洋运货(√) Ocean Flight	现付 或 到付 Prepaid or Collect		提单份数	提单寄送地址	
起运港	SHANGHAI	目的港		可否转运	可否分批
集装箱预配数	20'×	40'×		装运期限	有限期限
标记唛头	件数及包装式样	中英文货号 Description of Goods(In Chinese & English)	毛量（千克）	尺码（立方米）	成立条件（总价）
			特种货物 □冷藏货 □危险品	重件：每件重量 大件（长×宽×高）	
内装箱(CFS)地址			货物报关、报检(√) 自理 或 委托		
门对门装箱点	地址		货物备妥日期		
	电话	联系人	货物进栈(√) 自送 或 派车		
随附单证（份）	出口货物报关单	商业发票	委托人		
	出口收汇核销单	装箱清单	电话		
	进来料加工手册	出口许可证	传真		
	原产地证明书	出口配额证	地址		
	危险货物说明书	商检证	委托书	委托单位盖章	
	危险货物包装证	动植物检疫证			
	危险货物装箱申明书				
备注					

任务 2 根据订舱委托书,以国际货运代理公司操作员身份填写订舱单,并向船公司或船公司代理办理订舱手续。

表 2-4 订舱单

Shipper(Full Name & Address)	×××国际货运代理有限公司
Consignee:	
Notify Party:	Freight & Charges □ PREPAID □ COLLECT

4. 实训考核

表 2-5 项目二实训考核表

小组成员			评分			
序号	考核标准	分值(分)	自评(20%)	小组(30%)	教师(50%)	
1	集装箱选择正确	20				
2	运费确定得当	20				
3	单据齐全,填写规范	20				
4	整个操作熟练、有序	20				
5	实训手册填写规范全面	20				
评价人签名						
综合得分						
评语						

签名

年 月 日

项目三　出口货物代理报检实训

实训目标

熟悉出口货物通关流程；
正确、规范填制出口货物报检单；
能够获取出境货物的通关单；
能正确识别出口货物检疫标识。

知识准备

1. 出口商品检验检疫的一般程序

（1）法定检验检疫的出境货物，在报关时必须提供出入境检验检疫机构签发的"出境货物通关单"，海关凭报关地出入境检验检疫机构出具的"出境货物通关单"验放。

（2）出境货物的检验检疫工作程序是先检验检疫，后放行通关，即法定检验检疫的出境货物的发货人或其代理人向检验检疫机构报检，检验检疫机构受理报检和计收费用。

（3）转检验或检疫部门实施检验检疫。

（4）对产地和报关地相一致的出境货物，经检验检疫合格的，出具"出境货物通关单"，对产地和报关地不一致的出境货物，出具"出境货物换证凭单"或"出境货物换证凭条"，由报关地检验检疫机构换发"出境货物通关单"；出境货物经检验检疫不合格的，出具"出境货物不合格通知单"。

2. 报检

商检机构在对每一批出口商品进行检验之前，都必须首先受理报检。报检和商检机构受理报检，是检验工作的起始程序。商检机构应当在规定的期限内检验完毕，并出具检验单证。

商检机构对于违反《中华人民共和国进出口商品检验法》（以下简称"《商检法》"）和其他法律、行政法规规定，对实施法定检验的出口货物故意漏检或逃避检验的违法行为，应依法给予违法行为人以批评教育或者罚款，直至通过司法机关追究其法律责任。

▲报检条件和报检范围

（1）报检条件。

①已经生产加工完毕并完成包装、刷唛、准备发运的整批出口货物。

②已经经过生产企业检验合格，并出具厂检合格单的出口货物。

③对于执行质量许可制度的出口货物，必须具有商检机构颁发的质量许可证或卫生注册登记证。

④必须备齐各种相互吻合的单证。

上述4个条件必须同时具备。

(2)报检范围。

①国家法律、行政法规规定必须由出入境检验检疫机构实施检验检疫的。

②对外贸易合同约定须凭检验检疫机构签发的证书进行结算的。

③有关国家条约规定必须经检验检疫的。

▲报检时限和地点

(1)出入商品最迟应在出口报关或装运前7天报检,对于个别检验检疫周期较长的货物,应留有相应的检验检疫时间。

(2)需隔离检疫的出境动物应在出境前60天预报,隔离前7天报检。

(3)法定检验检疫货物,除活动物需由出境口岸检验检疫机构检验检疫外,原则上应坚持产地检验检疫。

▲出境商品预报检

为了方便对外贸易,检验检疫机构对某些经常出口的、非易腐烂变质、非易燃易爆的货物予以接受预先报检,这样既有利于检验检疫工作的开展,又有利于防止内地的不合格货物运抵口岸。需要申请办理预报检的范围如下。

(1)整批出口的商品。对于已生产的整批出口货物,生产厂已检验合格及经营单位已验收合格,货已全部备齐,堆存于仓库,但尚未签订外贸合同,或虽已签订合同,但信用证尚未到达,不能确定出运数量、运输工具、唛头的,为了使货物在信用证到达后及时出运,可以办理预报检。

(2)分批出口的商品。需要分批装运出口的货物,整批货物可办理预先报检。出口货物经检验检疫合格后,检验检疫机构签发"出境货物换证凭单"。货物正式装运出口时,报检人可在检验检疫有效期内逐批向检验检疫机构申请办理放行手续。放行时,检验检疫机构查验合格后,在"出境货物换证凭单"的登记栏内对货物的数量予以登记核销。

▲重新报检

(1)重新报检范围。报检人在检验检疫机构办理了报检手续,并领取了检验检疫单证后,凡有下列情况之一的,应重新报检。

①超过检验检疫有效期限的。

②变更输入国家或地区,并有不同检验检疫要求的。

③改换包装或重新拼装的。

④已撤销报检的。

(2)重新报检要求。

①按规定填写"出境货物报检单",交附有关函电等证明单据。

②交还原发的证书或证单,不能交还的应按有关规定办理。

▲报检时应提供的单证

货物出境时,报检人应填制和提供"出境货物报检单",并提供外贸合同、销售确认书或订单;信用证或有关函电;生产单位出具的厂检结果单原件;检验检疫机构签发的"出境货物运输包装性能检验结果单"正本。出现下列情况时,报检人应按要求提供相关物品和材料。

(1)凭样品成交的,报检人还需提供样品。

(2)经预检的货物,报检人在向检验检疫机构办理换证放行手续时,应提供该检验检疫机构等签发的"出境货物换证凭单"正本。

(3)产地与报关地不一致的出境商品,报检人在向报关地检验检疫机构申请"出境货物通关单"时,应提交产地检验检疫机构签发的"出境货物换证凭单"正本或"出境货物换证凭条"。

(4)按照国家法律、行政法规的规定实行卫生注册和质量许可的出境商品,报检人必须提供经检验检疫机构批准的注册编号或许可证编号。

(5)危险商品出境时,报检人必须提供"出境货物运输包装性能检验结果单"正本和"出境危险货物运输包装使用鉴定结果单"正本。

(6)特殊商品出境时,根据法律、法规规定,报检人应提供有关审批文件。

3. 抽检

抽检即抽样检验,是指从待检批的货物中抽取一些商品进行检验,并根据检验的结果对全批的商品进行判断,确定其是否符合合同、信用证和有关国家技术规范、标准的规定。被抽出检验的单位产品为样品,全部样品组成样本。样本所含的样品多少称为"样本大小"。

商检机构对出口商品的检验大多采用抽样检验的方法进行,即从整个出口批中抽取代表性样品,根据样品质量判断整批货物的质量。

4. 检验

对出口商品进行检验的方法,一般包括感官检验、仪器分析、物理检验、化学检验和生物检验等。采用感官检验方法进行检验的项目有商品的规格型号、等级、标牌、色泽、气味、音质、外观质量等;采用仪器分析方法进行检验的项目有家用电器的性能、汽车轮胎的抗磨度等;采用物理检验方法进行检验的项目有商品力学性能、电器安全性能等;采用化学检验方法进行检验的项目有商品成分及其含量的定性分析和定量分析;采用生物检验方法进行检验的项目有食品的微生物学检验和生物试验等。

5. 出口查验

出口查验也叫"口岸查验",是指产地检验检疫机构预检合格的商品,在出口发运前由签证或放行地检验检疫机构实施的核查活动。经产地检验检疫机构预检合格并签发"换证凭单"的出口商品,途中经过运输和装卸,货物到达口岸后,可能发生货损货差,因此,必须经口岸检验检疫机构派人对货物的批次和包装等情况进行查验合格后才可予以放行。

6. 签证

商检机构在对出口商品实施法定检验以后,对检验合格的商品,由检验检疫机构签发"检验证书",或在"出口货物报关单"上加盖检验印章。经检验不合格的,由检验检疫机构签发"不合格通知单"。

7. 放行

(1)法定检验出口商品的放行。法定检验的出口商品经检验检疫机构检验合格后,报检人持检验申请单、外销合同、发票、装箱单、换证凭单和报关单(一式两份)向出口地检验检疫机构办理放行手续。商检机构审核单证无误后,在"报关单"上加盖"放行之章"

或签发"放行通知单",或签注有"限国内通关使用"字样的检验证书。

另外,值得注意的是,如果出口商品经检验检疫机构检验合格并签发了商检证书,海关就可予以放行。

(2)"免验"出口法定检验商品的放行。按照《商检法》及其实施条例的相关规定,对取得法定检验商品免验的申请人,在免验的有效期内,凭免验证书、外销合同、信用证及该商品的品质证书、厂检合格单或样品、礼品、展品证明书等文件,到检验检疫机构办理免验放行手续,缴纳手续费,海关就可予以放行。

8.检验检疫证书

检验检疫证书(inspection certificate)是由政府机构或公证机构对进出口商品检验检疫或鉴定后,根据不同的检验结果或鉴定项目出具并且签署的书面声明,证明货物已检验达标,并评述检验结果的书面单证。

根据进出境货物不同的检验检疫要求、鉴定项目和不同作用,我国检验检疫机构签发不同的检验检疫证书、凭单、监管类证单、报告单和记录报告,共有80余种,常见的有以下几种:

(1)出入境检验检疫品质证书(quality certificate)。该证书用于证明进出口商品品名、规格、等级、成分、性能等产品质量实际情况。

(2)出入境检验检疫数量检验证书(quantity certificate)。该证书用于证明进出口商品的数量、重量,如毛重、净重等。

(3)出入境检验检疫植物检疫证书(phytosanitary certificate)。该证书用于证明植物基本不带有其他有害物,因而符合输入国或输入地区的植物要求。

(4)出入境检验检疫动物检疫证书(animal health certificate)。该证书是用于证明出口动物产品经过检疫合格的书面证件,适用于冻畜肉、冻禽、皮张、肠衣等产品,且必须由主任兽医签署。

(5)出入境检验检疫卫生证书(sanitary certificate)。该证书是用于证明可供食用的出口动物产品、食品等经过卫生检疫或检验合格的证件,如肠衣、罐头食品、乳制品等。

(6)熏蒸/消毒证书(fumigation/disinfection certificate)。该证书用于证明出口动植物产品、木制品等已经过消毒或熏蒸处理,保证安全卫生,如猪鬃、针叶木、马尾、羽毛、山羊毛、羽绒制品等。

(7)出境货物运输包装性能检验结果单。该结果单适用于经检验合格的出境货物的包装性能检验。

(8)残损检验证书(inspection certificate on damaged cargo)。该证书用于证明进口商品证书残损情况,供索赔时使用。

(9)包装检验证书(inspection certificate of packing)。该证书用于证明进出口商品包装情况。

(10)温度检验证书(certificate of temperature)。该证书用于证明出口冷冻商品温度。

(11)船舶检验证书(inspection certificate on tank/hold)。该证书用于证明出口商品的船舶清洁、牢固、冷藏效能及其他装运条件符合保护承载商品的质量和数量的完整与安全的要求。

实训方法

按模拟公司分组、分角色进行实训。
(1) 缮制一份出口货物报验单。
(2) 缮制一份出境货物通关单。
(3) 缮制一份出境货物代理报检委托书。

实训项目

1. 情境资料

(1) 商业发票。

表 3-1 商业发票

ANHUI TONGDA IMPORT & EXPORT CO., LTD. 19 TAIHU STREET, HEFEI, P.R. CHINA TEL:086－0551－66739177 FAX:086－0551－66739178 COMMERCIAL INVOICE				
To:	SIK TRADING CO., LTD. 16 TOM STREET, DUBAI, UAE		Invoice No.:	JY14018
^	^		Invoice Date:	APR.11,2014
^	^		S/C No.:	ZJJY0739
^	^		S/C Date:	FEB.15,2014
From:	SHANGHAI, CHINA	To:	DUBAI, UAE	
L/C No.:	FFF07699	Issue By:	HSBC BANK PLC, DUBAI, UAE	
Date of Issue:	FEB.25,2014	^	^	
Marks and Numbers	Number and kind of package Description of goods	Quantity	Unit Price	Amount
SIK			CIF DUBAI, UAE	
ZJJY0739 L357/L358 DUBAI, UAE C/N No.: 1－502	LADIES JACKET SHELL:WOVEN TWILL 100% COTTON, LINING:WOVEN 100% POLYESTER, ORDER No. SIK 768 STYLE No. L357 STYLE No. L358 PACKED IN 9 PCS/CTN, TOTAL FIVE HUNDERED AND TWO CARTONS ONLY.	2 250 PCS 2 268 PCS	USD12.00 USD12.00	USD27,000.00 USD27,216.00

续表

ANHUI TONGDA IMPORT & EXPORT CO.,LTD. 19 TAIHU STREET,HEFEI,P.R.CHINA TEL:086－0551－66739177 FAX:086－0551－66739178 COMMERCIAL INVOICE		
TOTAL:	4,518 PCS	USD54,216.00
SAY TOTAL:	US DOLLARS FIFTY FOUR THOUSAND TWO HUNDERD AND SIXTEEN ONLY.	
	ANHUI TONGDA IMPORT & EXPORT CO.,LTD. 陈 欢	

(2)装箱清单。

表3-2 装箱清单

ANHUI TONGDA IMPORT & EXPORT CO.,LTD. 19 TAIHU STREET,HEFEI,P.R.CHINA TEL.:086－0551－66739177 FAX:086－0551－66739178						
PACKING LIST						
To:	SIK TRADING CO.,LTD. 16 TOM STREET,DUBAI,UAE	Invoice No.:		JY14018		
:::	:::	Invoice Date:		APR.11,2014		
:::	:::	S/C No.:		ZJJY0739		
:::	:::	S/C Date:		FEB.15,2014		
From:	SHANGHAI,CHINA	To:	DUBAI,UAE			
L/C No.:	FFF07699	Issue By:	HSBC BANK PLC,DUBAI,UAE			
Date of Issue:	FEB.25,2014	:::	:::			
Marks and Numbers	Number and kind of package; Description of goods	Quantity	Package	G.W.	N.W.	Meas.
ZJJY0739 L357/L358 DUBAI,UAE C/N No.: 1－502	LADIES JACKET STYLE No. L357 STYLE No. L358 PACKED IN 9 PCS/CTN, SHIPPED IN 1×40'FCL	2 250 PCS 2 268 PCS	250CTNS 252CTNS	2,500 KGS 2,500 KGS	2,250 KGS 2,250 KGS	29.363 m³ 29.597 m³

续表

	ANHUI TONGDA IMPORT & EXPORT CO. ,LTD. 19 TAIHU STREET,HEFEI,P. R. CHINA TEL.:086-0551-66739177 FAX:086-0551-66739178				
TOTAL:		4,518 PCS	502CTNS	5,000 KGS	4,500 KGS	58.96 m³
SAY TOTAL:	FIVE HUNDERD AND TWO CARTONS ONLY				

(3) 其他信息。安徽通达进出口有限公司的登记号为 3800708678, 属国有控股公司；安徽乐群服装厂的地址为安徽省合肥市天柱路 88 号，邮编 230051，属私营有限责任公司。

2. 实训说明

报检单位：报检单位是指经国家质量监督检验检疫总局审核，获得许可、登记，并取得国家质检总局颁发的"自理报检单位备案登记证明书"或"代理报检单位备案登记证明书"的企业。填写报检单位的中文名称，应加盖与名称一致的公章。

出入境检验检疫的报检单位有 2 类：自理报检单位和代理报检单位。

(1) 自理报检单位。自理报检单位是指经报检单位工商注册所在地辖区出入境检验检疫机构审查合格，办理过备案登记手续并取得报检单位代码后，自行办理相关的报检/申报手续的境内企业法人或其他报检单位。

(2) 代理报检单位。代理报检单位是指经国家质检总局注册登记，受出口货物生产企业的委托或受进口货物发货人、收货人的委托，或受对外贸易关系人等的委托，依法代为办理出入境检验检疫报检/申请事宜的，在工商行政管理部门注册登记的境内企业法人。

报检单位登记号：报检单位登记号是指报检单位在国家质检总局登记的登记证号码。

报验日期：报验日期是指检验检疫机构接受报检当天的日期。报验日期统一使用阿拉伯数字表示，而不用英文等表示。

发货人：发货人是指外贸合同中的供货商或商业发票上的出票人。

收货人：收货人是指外贸合同中的收购商或商业发票上的受票人。

商品名称：商品名称是指被申请报检的出境货物名称、规格、型号、成分以及英文对照，应按照合同、信用证、商业发票中所列商品名称的中/英文填写。

H. S. 编码：H. S. 编码是指海关《协调商品名称及编码制度》中所列编码，并以当年海关公布的商品编码为准。

产地：在出境货物报检单中，产地指货物生产地以及加工制造地的省、市、县名。

数量/重量:数量/重量是指以商品编码计量标准项下的实际检验检疫数量、重量。按实际申请检验检疫的数量/重量填写,重量还需列明毛/净/皮重。

货物总值:货物总值是指出境货物的商业总值及币种,应与合同、商业发票或报关单上所列货物总值一致。注意:此处不需要填报价格术语。

包装种类及数量:包装种类及数量是指货物实际运输外包装的种类及数量,应按照实际运输外包装的种类及数量填报。注意:实际运输中为了方便装卸和保护外包装,常用托盘集中包装,这时除了填报托盘种类及数量以外,还应填报托盘上小包装数量及包装种类。

运输工具名:运输工具名是指载运出境或货物运输工具的名称和运输工具编号,如船舶名称及航次等。

贸易方式:贸易方式指货物的贸易性质,即买卖双方将商品所有权通过什么方式转让。常见的贸易方式有一般贸易、进料加工贸易、来料加工贸易、易货贸易、补偿贸易等90多种。填报的海关规范贸易方式应与实际情况一致。

货物存放地:货物存放地指出口货物的生产企业存放出口货物的地点。应注意填报具体地点和仓库名称。

合同号码:合同号码指对外贸易合同、订单、形式发票等号码。注意:填报的合同号应与随附的合同等号码一致。

用途:从以下9个选项中选择符合实际出境货物的用途进行填报。种用或繁殖;食用;奶用;观赏或演艺;伴侣动物;试验;药用;饲用;其他。

发货日期:发货日期指货物实际出境的日期。注意:按实际开船日或起飞日等填报发货日期,以年、月、日的方式填报。

输往国家(地区):输往国家(地区)指出口货物直接运抵的国家(地区),是货物的最终销售国,填报中文名称即可。

许可证/审批证:凡需申领出口许可证或其他审批文件的货物,应填报有关许可证号或审批号。无须许可证或审批文件的出境货物,本栏免填。

起运地:起运地指填报出境货物最后离境的口岸或所在地的中文名称。

到达口岸:到达口岸指出境货物运往境外的最终目的港。最终目的港预知的,按实际到达口岸的中文名称填报;最终到达口岸不可预知的,按尽可能预知的到达口岸的中文名称填报。

生产单位注册号:生产单位注册号指出入境检验检疫机构签发给生产单位的卫生注册证书号或加工厂的注册号码等。

集装箱规格、数量及号码:集装箱规格是指国际标准的集装箱规格尺寸。集装箱数量是指实际集装箱数量,而不是作为换算标准箱的数量。集装箱号码是指国际集装箱的识别号码。

合同、信用证订立的检验检疫条款或特殊要求:填入在合同中订阅的有关检验检疫的特殊条款。

标记及号码:标记及号码又称为货物的"唛头",主要用于识别货物,应根据实际合同、发票等,在外贸单据上填报相同内容。如没有唛头,应填报"N/M",不可以空缺。

随附单据:按实际随附单据种类画"√"或补充填报随附单据。

签名:签名由持有"报检员证"的报检员手签。

检验检疫费用:由检验检疫机构计费人员核定费用后填写。

领取证单:报检人在领取证单时填写领证日期,同时需要领证人签名。

3.实训要求

任务1 以外贸单证员身份制作报检委托书(见表3-3)。

任务2 根据以上背景资料,以报检员身份制作出境货物报检单(见表3-4)。

任务3 根据所给信息与说明,完成出境货物通关单的填写(见表3-5)。

表3-3 报检委托书

报检委托书
_____出入境检验检疫局:
本委托人声明,保证遵守《中华人民共和国进出口商品检验法》《中华人民共和国进出境动植物检疫法》《中华人民共和国国境卫生检疫法》《中华人民共和国食品卫生法》等有关法律、法规的规定和检验检疫机构制定的各项规章制度。如有违法行为,自愿接受检验检疫机构的处罚并负法律责任。
本委托人所委托受委托人向检验检疫机构提交的"报检单"和随附各种单据所列内容是真实无讹的。具体委托情况如下:
本单位将于 _____年_____月进/出口如下货物:
品　　名:
数(重)量:
合　同　号:
信用证号:
特委托_____(地址:　　　　　　　　　　　　　　)代表本公司办理本批货物所有的检验检疫事宜,请贵局按有关法律规定予以办理。
委托单位名称(签章):　　　　　　　　　　受委托单位名称(签章):
单位地址:　　　　　　　　　　　　　　　　单位地址:
邮政编码:　　　　　　　　　　　　　　　　邮政编码:
法人代表:　　　　　　　　　　　　　　　　法人代表:
本批货物业务联系人:　　　　　　　　　　　本批货物业务联系人:
联系电话(手机):　　　　　　　　　　　　　联系电话(手机):
企业性质:　　　　　　　　　　　　　　　　企业性质:
日期:　　年　　月　　日　　　　　　　　　日期:　　年　　月　　日
本委托书有效期至　　　　年　　月　　日

表 3-4　出境货物报检单

中华人民共和国出入境检验检疫
出境货物报检单

报检单位(加盖公章):　　　　　　　　　　　　　编号:

报检单位登记号:　　　　联系人:　　　电话:　　　报检日期:

发货人	(中文)			
	(外文)			
收货人	(中文)			
	(外文)			

货物名称(中/外文)	H.S.编码	产地	数量/重量	货物总值	包装种类及数量

运输工具名称号码		贸易方式		货物存放地点	
合同号		信用证号		用途	
发货日期		输往国家(地区)		许可证/审批号	
起运地		到达口岸		生产单位注册号	
集装箱规格、数量及号码					

合同订立的特殊条款以及 其他要求	标记及号码	随附单据(画"√"或补填)	
		□ 合同 □ 信用证 □ 发票 □ 换证凭单 □ 装箱单 □ 厂检单	□ 包装性能结果单 □ 许可、审批文件 □ 报关单

需要证单名称(画"√"或补填)		*检验检疫费	
□ 品质证书　　__正__副 □ 重量证书　　__正__副 □ 数量证书　　__正__副 □ 兽医卫生证书　__正__副 □ 健康证书　　__正__副 □ 卫生证书　　__正__副 □ 动物卫生证书　__正__副	□ 植物检疫证书 　　　　　　__正__副 □ 熏蒸/消毒证书 　　　　　　__正__副 □ 出境货物换证凭单 □ 出境货物通关单	总金额 (人民币)	
		计费人	
		收费人	

报检人郑重声明: 1.本人被授权报检。 2.上列填写内容正确属实。 　　　　　　　　　签名:	领取证单	
	日期	
	签名	

表 3-5　出境货物通关单

中华人民共和国出入境检验检疫
出境货物通关单

编号：

1.发货人		5.标记及号码
2.收货人		
3.合同/信用证号	4.输往国家或地区	
6.运输工具名称及号码	7.发货日期	8.集装箱规格及数量
9.货物名称及规格	10.H.S.编码　　11.申报总值	12.数量/重量、包装数量及种类

上述货物业经检验检疫，请海关予以放行。
本通关单有效期至　　　　年　　月　　日

签字：　　　　　日期：　年　　月　　日

13.备注

4. 实训考核

表 3-6　项目三实训考核表

小组成员			评分		
序号	考核标准	分值(分)	自评(20%)	小组(30%)	教师(50%)
1	报检委托书填写正确	20			
2	报检单填写正确	20			
3	单据齐全,填写规范	20			
4	整个操作熟练、有序	20			
5	实训指导书填写规范、完整	20			
评价人签名					
综合得分					
评语					

签名：
年　　月　　日

项目四　出口货物代理报关实训

实训目标

能准确填制报关委托书,能准确缮制报关单及其他随附单据;
熟悉报关单的种类和用途,了解报关和报关流程。

知识准备

1."报关"的含义

报关是指进出口贸易的有关当事人或其代理人、进出境运输工具负责人、进出境物品的所有人,在规定的有效期内向海关办理有关货物、运输工具、物品进出境手续的全过程。按照《中华人民共和国海关法》的规定,所有进出境的货物和运输工具必须通过设有海关的地方进境或出境,并接受海关的监督。只有经过海关查验放行后,货物才能提取或装运出口。

2.报关的期限

货物必须在规定期限内报关,具体规定如下:

(1)进口货物的收货人或其代理人应当自运输工具申报进境之日起 14 日内向海关申报。第 14 日遇法定节假日的,则顺延至其后第一个工作日。逾期则按日以进口货物完税价格的 0.05% 征收滞报金。

(2)出口货物的发货人或其代理人应当在货物运抵海关监管区后,在装货 24 小时前向海关申报。出口报关时,出口货物必须实际运抵海关监管或海关指定的监管地点,否则,海关不接受出口报关。

报关单位:报关单位分为报关企业和进出口收、发货人 2 类,报关企业分为报关公司和货运代理公司 2 类。

报关员:报关员是指取得资格证书,按规定程序在海关注册,向海关办理进出口货物报关业务的人员。我国海关规定,进出口货物的报关必须由经海关批准的专业人员代表收发货人或者报关企业向海关办理。这些专业人员就是报关员。

进出口货物报关流程:为了确保进出口货物合法进出境,海关根据国家有关法律法规的不同要求,针对进出口货物的报关规定了一系列特定的手续和步骤。遵守这些规定的程序是报关员的法定义务,否则,将承担相应的法律责任。根据时间的先后顺序和海关管理要求的不同,报关可分为前期报关程序、进出境报关程序和后续报关程序 3 种类型。

(1)前期报关程序。前期报关程序是指进出口货物在实际进出境之前,进出口货物收/发货人或其代理人向海关说明进出口货物的情况,申请适用特定的报关程序。

(2)进出境报关程序。进出境报关程序是指进出口货物在进出境环节向海关履行的手续。进出境报关程序是任何进出口货物通关时必须通过的环节。一般进出口货物的报关只需履行进出境报关程序即可,主要包括进出口申报、陪同查验、缴纳税费、提取或装运货物等。

(3)后续报关程序。后续报关程序主要指进出口货物实际进出境以后,进出口货物收/发货人或其代理人根据海关管理的要求,向海关办理的旨在证明有关进出口货物合法进出口、在境内合规使用并完成有关海关监管义务的手续。

3. 进出口货物报关单

进出口货物报关单是由海关总署规定统一格式和填制规范,由进出口货物收/发货人或其代理人填制,并向海关提交的申报货物状况的法律文书,是海关依法监管货物进出口、征收关税及其他税费、编制海关统计及处理其他海关业务的重要凭证。

一切进口货物的收货人、出口货物的发货人,或他们的委托代理人,都必须在货物进出口时填写"进口货物报关单"或"出口货物报关单",向海关申报。电子数据报关单与纸质报关单具有同等法律效力。报关单填写的质量如何,直接关系到报关的效率、企业的经济利益和海关的征税、减免税和查验、发行等工作。

4. 报关单的填制要求

(1)报关单的填报必须真实,不能伪造、瞒报及虚报,要做到2个相符。一是单证相符,即报关单与合同、批文、发票、装箱单等相符;二是单货相符,即报关单中所报内容与实际进出口货物情况相符。

(2)不同合同、运输工具名称、征免性质、许可证号及贸易方式的货物,不能填在同一份报关单上。一张报关单上不能填报超过5项海关统计商品编号的货物名称。

(3)报关单的填写要准确、齐全,字迹工整。若有更改,必须在更改项目上加盖校对章。

5. 报关单的份数

一般进出口贸易报关单的填写需一式三份,使用电子数据报关的录入一份即可。

实训方法

按模拟公司分组,分角色进行实训。
(1)缮制一份出境货物代理报关委托书。
(2)缮制一份出口货物报关单。
(3)缮制一份出境货物通关单。

实训项目

1. 情境资料

2014年4月14日,当安徽海天国际货运代理有限公司通知配舱成功后,安徽通达进出口有限公司工作人员应根据以下相关信息马上办理、制作和备齐出口货物报关单、报关委托书、出口收汇核销单等报关单证,同时与报检委托书、出境货物换证凭条一起寄给安徽海天国际货运代理有限公司,委托其办理报检和报关手续。

(1)商业发票。

表 4-1 商业发票

	ANHUI TONGDA IMPORT & EXPORT CO.,LTD. 19 TAIHU STREET, HEFEI, P.R. CHINA TEL.:086—0551—66739177 FAX:086—0551—66739178 COMMERCIAL INVOICE
To:	SIK TRADING CO.,LTD. 16 TOM STREET, DUBAI, UAE	Invoice No.:	JY14018
		Invoice Date:	APR. 11, 2014
		S/C No.:	ZJJY0739
		S/C Date:	FEB. 15, 2014
From:	SHANGHAI, CHINA	To:	DUBAI, UAE
L/C No.:	FFF07699	Issue By:	HSBC BANK PLC, DUBAI, UAE
Date of Issue:	FEB. 25, 2014		
Marks and Numbers	Number and kind of package; Description of goods	Quantity	Unit Price	Amount
SIK ZJJY0739 L357/L358 DUBAI, UAE C/N No.: 1—502	LADIES JACKET SHELL: WOVEN TWILL 100% COTTON, LINING: WOVEN 100% POLYESTER, ORDER No. SIK 768 STYLE No. L357 STYLE No. L358 PACKED IN 9 PCS/CTN, TOTAL FIVE HUNDERED AND TWO CARTONS ONLY.	2,250 PCS 2,268 PCS	CIFDUBAI, UAE USD12.00 USD12.00	USD27,000.00 USD27,216.00
TOTAL:		4,518 PCS		USD54,216.00
SAY TOTAL:		US DOLLARS FIFTY FOUR THOUSAND TWO HUNDERD AND SIXTEEN ONLY.
	ANHUI TONGDA IMPORT & EXPORT CO.,LTD. 陈 欢

（2）装箱清单。

表4-2　装箱清单

ANHUI TONGDA IMPORT & EXPORT CO.,LTD. 19 TAIHU STREET,HEFEI,P.R.CHINA TEL.:086－0551－66739177　FAX:086－0551－66739178					
PACKING LIST					
To：	SIK TRADING CO.,LTD. 16 TOM STREET,DUBAI,UAE	Invoice No.：		JY14018	
		Invoice Date：		APR.11,2014	
		S/C No.：		ZJJY0739	
		S/C Date：		FEB.15,2014	
From：	SHANGHAI,CHINA	To：	DUBAI,UAE		
L/C No.：	FFF07699	Issue By：	HSBC BANK PLC,DUBAI,UAE		
Date of Issue：	FEB.25,2014				
Marks and Numbers	Number and kind of package; Description of goods	Quantity	Package	G.W.	N.W.	Meas.
ZJJY0739 L357/L358 DUBAI,UAE C/N No.： 1－502	LADIES JACKET STYLE No. L357 STYLE No. L358 PACKED IN 9 PCS/CTN, SHIPPED IN 1X40'FCL	2,250 PCS 2,268 PCS	250CTNS 252CTNS	2,500 kg 2,500 kg	2,250 kg 2,250 kg	29.363 m³ 29.597 m³
TOTAL：		4,518 PCS	502CTNS	5,000 kg	4,500 kg	58.96 m³
SAY TOTAL：	FIVE HUNDERD AND TWO CARTONS ONLY					

（3）其他信息。

①安徽通达进出口有限公司的组织机构代码是3101003833。

②保险费为USD198.95。

2．实训说明

（1）预录入编号。预录入编号指申报单位或预录入单位对该单位填制录入的报关单的编号，用于该单位与海关之间引用其申报后尚未批准放行的报关单。

报关单录入凭单的编号规则由申报单位自行决定。预录入报关单及 EDI 报关单的预录入编号由接受申报的海关决定编号规则,计算机自动打印。

(2) 海关编号。海关编号指海关接受申报时给予报关单的编号。

海关编号由各海关的接受申报环节确定,应标识在报关单的每一联上。报关单海关编号为 9 位数码,由各直属海关统一管理。各直属海关应对进口报关单和出口报关单分别编号,并确保在同一公历年度内,能按进口和出口唯一地标识本关区的每一份报关单。

(3) 进口口岸/出口口岸。进口口岸/出口口岸指货物实际进(出)口我国关境口岸海关的名称。

本栏目根据货物实际进(出)口的口岸海关选择填报"关区代码表"中相应的口岸海关名称及代码。在不同出口加工区之间转让的货物,填报对方出口加工区海关名称及代码。无法确定进(出)口口岸以及无实际进出口的报关单,填报接受申报的海关名称及代码。

(4) 备案号。备案号指进出口企业在海关办理加工贸易合同备案或征、减、免税审批备案等手续时,海关给予《进料加工登记手册》《来料加工及中小型补偿贸易登记手册》《外商投资企业履行产品出口合同进口料件及加工出口成品登记手册》(以下简称"《登记手册》")和《进出口货物征免税证明》(以下简称"《征免税证明》"),或其他有关备案审批文件的编号。

具体填报要求如下:加工贸易出口报关单本栏目填报《登记手册》编号;进出口报关单本栏目填报《征免税证明》等审批证件编号。

① 凡涉及减免税备案审批的报关单,本栏目填报《征免税证明》编号,不得为空。

② 无备案审批文件的报关单,本栏目免于填报。

③ 一份报关单只能填报一个备案号,备案号长度为 12 位。

(5) 进口日期/出口日期。进口日期指运载所申报货物的运输工具申报进境的日期。本栏目填报的日期必须与相应的运输工具申报进境日期一致。出口日期指运载所申报货物的运输工具办结出境手续的日期。本栏目供海关打印报关单证明联用,预录入报关单及 EDI 报关单均免于填报。无实际进出口的报关单填报办理申报手续的日期。本栏目为 6 位数,顺序为年、月、日,各 2 位,如 140128。

(6) 申报日期。申报日期指海关接受进(出)口货物的收/发货人或代理人申请办理进(出)口手续的日期。预录入报关单及 EDI 报关单填报的向海关申报的日期与实际情况不符时,由审单关员按实际日期修改批注。本栏目为 6 位数,顺序为年、月、日,各 2 位。

(7) 经营单位。经营单位指对外签订并执行进出口贸易合同的中国境内企业或单位。

本栏目应填报经营单位名称及经营单位编码。经营单位编码为 10 位数字,指进出口企业在所在地主管海关办理注册登记手续时,海关给企业设置的注册登记编码。

(8) 运输方式。运输方式指载运货物进出关境所使用的运输工具的分类。

本栏目根据实际运输方式按海关规定的"运输方式代码表"选择填报相应的运输方式。

特殊情况下运输方式的填报原则如下:

①非邮政方式进出口的快递货物,按实际运输方式填报。
②进出境旅客随身携带的货物,按旅客所乘运输工具填报。
③进口转关运输货物根据载运货物抵达进境地的运输工具填报,出口转关运输货物根据载运货物驶离出境地的运输工具填报。
④无实际进出口的,根据实际情况选择填报"运输方式代码表"中的运输方式。
⑤出口加工区与区外之间进出口的货物,填报"Z";同一出口加工区内或不同出口加工区的企业之间相互结转(调拨)的货物,填报"9"(其他运输)。

(9)运输工具名称。运输工具名称指载运货物进出境的运输工具的名称,或运输工具编号。

一份报关单只能填写一个运输工具名称。本栏目填制内容应与运输部门向海关申报的载货清单一致。

具体填报要求如下:
①江海运输填报船名及航次,或载货清单编号(按受理申报海关要求选填)。
②汽车运输填报该跨境运输车辆的国内行驶车牌号码。
③铁路运输填报车次或车厢号,以及进出境日期。
④航空运输填报分运单号,无分运单的,本栏目为空。
⑤邮政运输填报邮政包裹单号。

(10)提/运单号。提/运单号指进出口货物提/运单的编号。

本栏目填报的内容应与运输部门向海关申报的载货清单所列内容一致。一票货物对应多个提/运单时,应按接受申报的海关规定,分单填报。

具体填报要求如下:
①江海运输填报进口提单号或出口运单号。
②铁路运输填报运单号。
③汽车运输免于填报。
④航空运输填报总运单号。
⑤邮政运输填报邮政包裹单号。
⑥无实际进出口的,本栏目为空。
⑦转关运输货物免于填报。

(11)收货单位/发货单位。收货单位指进口货物在境内的最终消费、使用单位,包括:自行从境外进口货物的单位;委托有外贸进出口经营权的企业进口货物的单位。

发货单位指出口货物在境内的生产、销售单位,包括:自行出口货物的单位;委托有外贸进出口经营权的企业出口货物的单位。

本栏目应填报收/发货单位的中文名称或其海关注册编码。在加工贸易中,报关单的收发货单位应与《登记手册》中的"货主单位"一致。

(12)贸易方式。本栏目根据实际情况,按海关规定的"贸易方式代码表"选择填报相应的贸易方式简称或代码。一份报关单只允许填报一种贸易方式。

出口加工区内企业填制的"出口加工区进(出)境货物备案清单"应选择填报适用于出口加工区货物的监管方式简称或代码。

(13)征免性质。征免性质指海关对进出口货物实施征、减、免税管理的性质类别。

本栏目按照海关核发的"征免税证明"中批注的征免性质填报,或根据实际情况按海关规定的"征免性质代码表"选择填报相应的征免性质简称或代码。一份报关单只允许填报一种征免性质。

在加工贸易中,报关单本栏目应按照海关核发的《登记手册》中批注的征免性质填报相应的征免性质简称或代码。

在特殊情况下,填报具体要求如下:
①保税工厂经营的加工贸易,根据《登记手册》填报"进料加工"或"来料加工"。
②三资企业按内外销比例为加工内销而进口的料件,填报"一般征税",或其他相应的征免性质。
③加工贸易转内销的货物,按实际应享受的征免性质填报。
④料件退运出口、成品退运进口货物填报"其他法定"。
⑤加工贸易结转货物本栏为空。

(14)结汇方式。出口报关单位应填报结汇方式,即出口货物的发货人或其代理人收结外汇的方式。本栏目应按海关规定的"结汇方式代码表"选择填报相应的结汇方式名称或代码。

(15)许可证号。本栏目用于申领进(出)口许可证的货物。

此类货物必须填报商务部及其授权发证机关签发的进(出)口货物许可证的编号,不得为空。一份报关单只允许填报一个许可证号。

(16)起运国(地区)/运抵国(地区)。起运国(地区)指进口货物起始发出的国家(地区),运抵国(地区)指出口货物直接运抵的国家(地区)。

本栏目应按海关规定的"国别(地区)代码表"选择填报相应的起运国(地区)或运抵国(地区)中文名称或代码。无实际进出口的,本栏目填报"中国"(代码"142")。对发生运输中转的货物,如中转地未发生任何商业性交易,则起运地、运抵地不变,如中转地发生商业性交易,则以中转地作为起运国/运抵国(地区)填报。

(17)装货港/指运港。装货港指进口货物入境前的最后一个境外装运港;指运港指出口货物运往境外的最终目的港。最终目的港不可预知的,可按尽可能预知的目的港填报。

本栏目应根据实际情况按海关规定的"港口航线代码表"选择填报相应的港口中文名称或代码。无实际进出口的,本栏目填报"中国境内"。

(18)境内目的地/境内货源地。境内目的地指进口货物在国内的消费、使用地或最终运抵地。境内货源地指出口货物在国内的产地或原始发货地。

本栏目应根据进口货物的收货单位、出口货物的生产厂家或发货单位所属地区,按海关规定的"国内地区代码表"选择填报相应的国内地区名称或代码。

(19)批准文号。进口报关单本栏目用于填报"进口付汇核销单"编号。出口报关单本栏目用于填报"出口收核销单"编号。

(20)成交方式。本栏目根据实际成交价格条款按海关规定的"成交方式代码表"选择填报相应的成交方式代码。无实际进出口的,进口填报 CIF 价,出口填报 FOB 价。

(21)运费。本栏目用于成交价格中不包含运费的进口货物或成交价格中含有运费的出口货物,应填报该份报关单所含全部货物的国际运输费用。

可按运费单价、总价或运费率3种方式之一填报,同时注明运费标记,并按海关规定的"货币代码表"选择填报相应的币种代码。运保费合并计算的,运保费填报在本栏目。运费标记"1"表示运费率,"2"表示每吨货物的运费单价,"3"表示运费总价。例如:5‰的运费率填报"5/1"。

(22)保费。本栏目用于成交价格不包含保险费的进口货物或成交价格中含有保险费的出口货物,应填报该份报关单所含全部货物国际运输的保险费用。

保费可按保险费总价或保险费率2种方式之一填报,同时注明保险费标记,并按海关规定的"货币代码表"选择填报相应的币种代码。运保费合并计算的,运保费填报在运费栏目中。保险费标记"1"表示保险费率,"3"表示保险费总价。例如:3‰的保险费填报"0.3/1";10,000港元保险费总价填报"110/10 000/3"。

(23)杂费。杂费指成交价格以外的、应计入完税价格或应从完税价格中扣除的费用,如手续费、佣金、回扣等,可按杂费总价或杂费率2种方式之一填报,同时注明杂费标记,并按海关规定的"货币代码表"选择填报相应的币种代码。应计入完税价格的杂费填报为正值或正率,应从完税价格中扣除的杂费填报为负值或负率。杂费标记"1"表示杂费率,"3"表示杂费总价。例如:应计入完税价格的1.5%的杂费率填报"1.5/1";应从完税价格中扣除的1%的回扣率填报"-1/1";应计入完税价格的500英镑杂费总价填报"303/500/3"。

(24)合同协议号。本栏目填报进(出)口货物合同(协议)的全部字头和号码。

(25)件数。本栏目填报有外包装的进(出)口货物的实际件数。

特殊情况下,填报要求如下:

①舱单件数为集装箱的,填报集装箱数。

②舱单件数为托盘的,填报托盘数。

③本栏目不得填报为"0",裸装货物填报"1"。

(26)包装种类。本栏目填报进(出)口货物的实际外包装种类,如集装箱(container)、托盘(pallet)、木箱(wooden case)、纸箱(carton)、铁桶(iron drum)、散装(bulk)等。

(27)毛重(千克)。本栏目填报进(出)口货物实际毛重,计量单位为千克。不足1千克填报为"1"。

(28)净重(千克)。本栏目填报进(出)口货物的实际净重,计量单位为千克。不足1千克填报为"1"。

(29)集装箱号。集装箱号指装载货物进(出)口的集装箱两侧标识的全球唯一的编号。

本栏目填报装载进(出)口货物的集装箱编号,集装箱数量比照标准箱四舍五入填报整数,非集装箱货物填报"0"。一票货物多个集装箱装载的,填报其中之一,其余集装箱编号在备注栏填报或随附清单。

(30)随附单据。本栏目填写随进(出)口货物报关单一并向海关递交的单证或文件。合同、发票、装箱单、许可证等必备的随附单证不在本栏目填报。

本栏目应按海关规定的"监管证件名称代码表"选择填报相应证件的代码,并填报每种证件的编号(编号打印在备注栏下半部分),由代理报关行填写。

(31)用途/生产厂家。进口货物填报用途,应根据进口货物的实际用途按海关规定的"用途代码表"选择填报相应的用途名称或代码。生产厂家指出口货物的境内生产企业。本栏目在必要时须手工填写。

(32)标记唛码及备注。本栏目下部用于打印随附单据栏中监管证件的编号,上部用于选报以下内容:

①受外商投资企业委托代理其进口投资设备、物品的外贸企业名称。

②一票货物多个集装箱装载的,在本栏目填报其余的集装箱号。

③一票货物多个提/运单的,在本栏目填报其余的提/运单号。

④标记的唛码等其他申报时必须说明的事项。

此外,凡申报采用协定税率的商品,必须在报关单本栏目填报原产地证明标记,具体填报方法如下:

在"〈 〉"内以"协"字开头,依次填入该份报关单内企业能提供原产地证明的申报商品项号,各商品项号之间以","隔开;如果商品项号是连续的,则填报"起始商品项号"+"—"+"终止商品项号"。例如:某份报关单的第2、5、16项商品,企业能够提供原产地证明,则填报"〈协2,5,16〉";某份报关单的第4、9、10、11、12、17项商品,企业能够提供原产地证明,则填报"〈协4,9—12,17〉"。

(33)项号。本栏目分2行填报及打印:第一行打印报关单中的商品排列序号;第二行专用于加工贸易等已备案的货物,填报和打印该项货物在《登记手册》中的项号。

(34)商品编号。商品编号指按海关规定的商品分类编码规则确定的进(出)口货物的商品编号。

(35)商品名称、规格型号。本栏目分2行填报及打印:第一行打印进(出)口货物规范的中文商品名称;第二行打印规格型号,必要时加注原文。

具体填报要求如下:

①商品名称及规格型号应据实填报,并与所提供的商业发票相符。

②商品名称应当规范,规格型号应当足够详细,以能满足海关归类、审价以及许可证管理要求为准。

③加工贸易等已备案的货物,本栏目填报录入的内容必须与备案登记中同项号下货物的名称与规格型号一致。

(36)数量及单位。本栏目填写进(出)口商品的实际成交数量及计量单位。本栏目分3行填报及打印。

具体填报要求如下:

①进出口货物必须按法定计量单位填报。法定第一计量单位及数量打印在本栏目第一行。

②凡海关列明第二计量单位的,必须报明该商品第二计量单位及数量,打印在本栏目第二行。无统计第二计量单位的,本栏目第二行为空。

③成交计量单位与海关统计法定计量单位不一致时,还需填报成交计量单位及数量,打印在本栏目第三行。成交计量单位与海关统计法定计量单位一致时,本栏目第三行为空。

④加工贸易等已备案的货物,成交计量单位必须与备案登记中同项号下货物的计量单位一致,不相同时必须修改备案或转换一致后填报。

(37)原产国(地区)/最终目的国(地区)。原产国(地区)指进口货物的生产、开采或加工制造的国家(地区)。最终目的国(地区)指出口货物的最终实际消费、使用或进一步加工制造的国家(地区)。

本栏目按海关规定的"国别(地区)代码表"选择填报相应的国家(地区)名称或代码。例如:日本(116)。

(38)单价。本栏目填报同一项号下进(出)口货物实际成交的商品单位价格。无实际成交价格的,本栏目填报货值。

(39)总价。本栏目填报同一项号下进(出)口货物实际成交的商品总价。无实际成交价格的,本栏目填报货值。

(40)币制。本栏目填写进(出)口货物实际成交价格的币种。

本栏目根据实际成交情况按海关规定的"货币代码表"选择填报相应的货币名称或代码,如"美元(502)"或"USD(502)"。如"货币代码表"中无实际成交币种,需转换后填报。

(41)征免。本栏目填写海关对进(出)口货物进行征税、减税、免税或特案处理的实际操作方式。

本栏目按照海关核发的"征免税证明"或有关政策规定,对报关单所列每项商品选择填报海关规定的"征免税方式代码表"中相应的征税、减税、免税方式。

(42)税费征收情况。本栏目填写海关批注进(出)口货物税费征收及减免情况。

(43)录入人员。本栏目用于预录入报关单和EDI报关单,打印录入人员的姓名。

(44)录入单位。本栏目用于预录入报关单和EDI报关单,打印录入单位的名称。

(45)申报单位。申报单位指对申报内容的真实性直接向海关负责的企业或单位。

自理报关的,填报进(出)口货物的经营单位名称及代码;委托代理报关的,填报经海关批准的专业或代理报关企业名称及代码,本栏目内加盖申报单位有效印章。

本栏目指报关单左下方用于填报申报单位有关情况的总栏目。本栏目还包括报关员姓名、单位地址、邮编和电话等分项目,由申报单位的报关员填报。

(46)填制日期。本栏目填写报关单的填制日期,预录入报关单和EDI报关单由计算机自动打印。本栏目为6位数,顺序为年、月、日,各2位。

(47)海关审单批注栏。本栏目指海关内部作业时签注的总栏目,由海关关员手工填写在预录入报关单上,其中,"放行"栏填写海关对接受申报的进(出)口货物作出放行决定的日期。

3. 实训要求

任务1 根据以上背景资料及相关说明,缮制报关委托书。

任务2 根据以上背景资料及相关说明,缮制报关单。

任务3 整理报关单据并办理委托报关。

表 4-3　报关委托书

代 理 报 关 委 托 书

编号：□□□□□□□□□□□□

我单位现(A.逐票　B.长期)委托贵公司代理　　　　等通关事宜(A.填单申报 B.辅助查验 C.垫缴税款 D.办理海关证明联 E.审批手册 F.核销手册 G.申办减免税手续 H.其他)。详见《委托报关协议》。

我单位保证遵守《海关法》和国家有关法规，保证所提供的情况真实、完整，单货相符。否则，愿承担相关法律责任。

本委托书有效期自签字之日起至　　　　年　　月　　日止。

委托方（盖章）

法定代表人或其授权签署《代理报关委托书》的人签字

年　　月　　日

委 托 报 关 协 议

为明确委托报关具体事项和各自责任，双方经平等协商签订协议如下：

委托方		被委托方		
主要货物名称		*报关单编码	No.	
HS 编码	□□□□□□□□□□	收到单证日期	年　月　日	
货物总价		收到单证情况	合同□	发票□
进出口日期	年　月　日		装箱清单□	提/运单□
提单号			加工贸易手册□	许可证件□
贸易方式			其他	
原产地/货源地		报关收费	人民币：	元
其他要求：		承诺说明：		
背面所列通用条款是本协议不可分割的一部分，对本协议的签署构成了对背面通用条款的同意。		背面所列通用条款是本协议不可分割的一部分，对本协议的签署构成了对背面通用条款的同意。		
委托方业务签章： 经办人签章： 联系电话： 　　　　年　　月　　日		被委托方业务签章： 经办报关员签章： 联系电话： 　　　　年　　月　　日		

中国报关协会监制

（白联：海关留存　黄联：被委托方留存　红联：委托方留存）

表 4-4 报关单

中华人民共和国出口货物报关单

预录入编号：　　　　　　　　　海关编号：

出口口岸		备案号		出口日期	申报日期
经营单位		运输方式		运输工具名称	提/运单号
发货单位		贸易方式		征免性质	结汇方式
许可证号		运抵国（地区）		指运港	境内货源地
批准文号		成交方式	运费	保费	杂费
合同协议号		件数	包装种类	毛重（千克）	净重（千克）
集装箱号		随附单据		生产厂家	
标记唛码及备注					
项目 商品编号 商品名称、规格型号 数量及单位 最终目的国（地区） 单价 总价 币制 征免					
税费征收情况					

录入员	录入单位	兹声明以上申报无讹并承担法律责任	海关审单批注及放行日期（签章）
报关员			审单　　　审价
单位地址		申报单位（签章）	征税　　　统计
邮编　　电话		填制日期	查验　　　放行

4．实训考核

表 4-5　项目四实训考核表

小组成员			评分		
序号	考核标准	分值(分)	自评(20%)	小组(30%)	教师(50%)
1	单据填写正确	20			
2	报关处理得当	20			
3	单据齐全，填写规范	20			
4	整个操作熟练、有序	20			
5	实训指导书填写规范、完整	20			
评价人签名					
综合得分					
评语					

签名

年　月　日

项目五　出口货物运输保险操作实训

实训目标

熟悉信用证/合同中装运条款,界定投保时间、投保起始地及目的地、赔付地点;
掌握保险加成的运用、保险金额的确定、保费的计算;
熟悉投保单的填写;
熟悉向保险公司办理保险的流程。

知识准备

1. 货物运输风险

国际货物和运输工具在运输过程中的风险主要来源如下:
(1)自然灾害。如恶劣气候、雷电、洪水、地震、海啸等。
(2)意外事故。如运输工具遭遇搁浅、触礁、沉没、碰撞、失火、爆炸等。
(3)一般外来风险。如偷窃、钩损、雨淋、串味、短量等。
(4)特殊外来风险。如战争、罢工、拒收、交货不到等。

2. 损失类型

在保险业务中,损失包括损害和灭失2类。损失按其程度可分全损与部分损失2种,其中,全损又可分为实际全损和推定全损2种。部分损失又有共同海损和单独海损之分。

实际全损是指货物的全部灭失,如焚毁、沉入海底或已失去原有的性质和用途,如食品变质等。

推定全损是指在全损货物已不可避免地要变成实际全损,或整理修复使货物恢复原状的费用超过恢复后的价值,或货物在中途出险,将货物运至原定目的地的费用超过该保险标的目的地的货价等情况。

共同海损是指在同一海上航程中,当船舶、货物和其他财产遭遇共同危险时,为了共同安全,有意地、合理地采取措施所直接造成的特殊牺牲或支出的特殊费用。共同海损的牺牲由受益各方按比例分摊。

单独海损是指属于特定方面的损失,并不涉及其他货主及船方。这种损失是意外造成的,不像共同海损属有意的。此外,单独海损一定是部分损失。因此,单独海损是既非共同海损又非全损的一种损失。

3. 保险条款和险别

国际上最常用的保险条款是英国伦敦保险业协会的《协会货物条款》(institute caego clause,ICC)。它包括:ICC(A)、ICC(B)、ICC(C)、协会货物战争险条款、协会货物罢工险条款和恶意损害险条款。

中国保险条款(China insurance clauses,CIC)是中国人民保险公司参照国际通常做法,结合我国实际情况拟订的,经过几十年的应用与实践,它已被国际贸易、航运、保险界广泛接受。下面着重介绍中国保险条款。

中国保险条款按运输方式分,有海运险、陆运险、空运险和邮包险条款4大类。其中,海运险为主要险种,陆运险、空运险和邮包险是在海运险基础上发展起来的,在一些基本内容上,与海运险是相似的。

中国保险条款的保险险别一般分主险(基本险)、一般附加险和特别附加险。

(1)主险。主险包括海洋运输货物保险条款、海洋运输冷藏货物保险条款、海洋运输散装桐油保险条款、陆上运输货物保险条款、陆上运输冷藏货物保险条款、航空运输货物保险条款、邮包险条款,以及活牲畜、家禽的海上、陆上、航空运输保险条款等。

(2)一般附加险。一般附加险包括偷窃、提货不着险条款、淡水雨淋险条款、短量险条款、混杂沾污险条款、渗漏险条款、碰损、破碎险条款、串味险条款、受潮受热险条款、钩损险条款、包装破裂险条款、锈损险条款等。

(3)特别附加险。特别附加险包括进口关税条款、舱面货物条款、拒收险条款、黄曲霉素险条款、易腐货物条款、交货不到条款、出口货物到港澳存仓火险责任扩展条款、海关检验条款、码头检验条款、战争险条款、战争险的附加费用、罢工险条款等。

4.中国保险条款海运货物保险

(1)平安险(free from particular average)。平安险的责任范围是海运险中最小的,主要包括以下责任:

①被保险货物在运输中因恶劣气候、雷电、海啸、地震、洪水等自然灾害造成整批货物的全损或推定全损,当被保险人要求按推定全损赔付时,需将受损货物及权利委付给保险公司。

②由于运输工具遭受搁浅、触礁、沉没、互撞、与流冰或其他物体碰撞,以及失火、爆炸意外事故而造成货物的全部或部分损失。

③在运输工具已经发生搁浅、触礁、沉没、焚毁意外事故的情况下,货物在此前后又在海上遭受恶劣气候、雷电、海啸等自然灾害所造成的部分损失。

④在装卸或转运时由于一件或数件货物落海而造成的全部或部分损失。

⑤被保险人对遭受承保责任内危险的货物采取抢救、防止或减少货损的措施而支付的合理费用,但以不超过这批被救货物的保险金额为限。

⑥运输工具遭遇海难后,在避难港由于卸货而引起的损失,以及在中途港、避难港由于卸货、存仓以及运送货物而产生的特别费用。

⑦共同海损的牺牲、分摊和救助费用。

⑧运输契约订有"船舶互撞责任"条款,根据该条款规定应由货方偿还船方的损失。

(2)水渍险(with particular average)。水渍险的责任范围包括平安险的全部责任和上述列举的自然灾害造成的部分损失。

(3)一切险(all risks)。一切险的责任范围包括平安险和水渍险的全部责任以及各种外来原因所造成的保险货物的损失。这里所指的"各种外来原因",是指以上一般附加险所涵盖的风险。

5. 航空货物运输保险

航空运输货物保险条款的险别有下列 2 种：

(1)航空运输险(air transportation risks)。对被保险货物在运输途中遭受雷电、火灾、爆炸，或由于飞机遭受恶劣气候或其他危难事故而被抛弃，或由于飞机遭受碰撞、倾覆、坠落或失踪等意外事故而造成的全部或部分损失负责赔偿。

(2)航空运输一切险(air transportation all risks)。除航空运输险责任外，还包括对被保险货物在运输途中由于外来原因而造成的包括被偷窃、短少等全部或部分损失负责赔偿。

6. 陆上货物运输保险

货物如采用陆上运输工具运输，则有陆上运输货物保险条款，险别有下列 2 种：

(1)陆运险(overland transportation risks)。对被保险货物在运输途中遭受暴风雨、雷电、洪水、地震等自然灾害，由于陆上运输工具遭受碰撞、倾覆、出轨，驳运过程中因驳运工具遭受搁浅、触礁、沉没、碰撞，由于遭受隧道坍塌、崖崩或失火、爆炸等意外事故所造成的全部或部分损失负责赔偿。

(2)陆运一切险(overland transportation all risks)。除上述陆运险责任外，还对由于外来原因而造成的货物短少、短量、被偷窃、渗漏等全部或部分损失负责赔偿。

7. 邮包保险

邮包保险条款的险别有下列 2 种：

(1)邮包险(parcel post risks)。对被保险货物在运输途中由于遭受暴风雨、雷电、流冰、海啸、地震、洪水等自然灾害，或由于运输工具搁浅、触礁、沉没、碰撞、出轨、倾覆、坠落或失踪，或由于失火和爆炸等意外事故而造成的全部或部分损失负责赔偿。此外，邮包险还包括共同海损的牺牲、分摊和救助费用。

(2)邮包一切险(parcel post all risks)。除包括上述邮包险的责任外，还对被保险货物在运输途中由于外来原因造成的包括被偷窃而短少在内的全部或部分损失负责赔偿。

8. 除外责任

对下列损失不负赔偿责任：

(1)被保险人的故意行为或过失所造成的损失。

(2)属于发货人责任所引起的损失。

(3)在保险责任开始前，被保险货物已存在的品质不良或数量短差所造成的损失。

(4)被保险货物的自然损耗、本质缺陷、特性，以及市价跌落、运输延迟所引起的损失或费用。

9. 责任起讫

(1)海运险、陆运险、空运险和邮包险负"仓至仓"责任，自被保险货物运离保险单所载明的起运地仓库或储存处所开始运输时生效，包括正常运输过程中的海上、陆上、内河和驳船运输在内，直至该项货物到达保险单所载明目的地收货人的最后仓库、储存处所或被保险人用作分配、分派或非正常运输的其他储存处所为止。如未抵达上述仓库或储存处所，则以被保险货物在最后卸载地点全部卸离运输工具后满 60 天(空运险为 30 天)为止。如在上述 60 天内被保险货物需转运到非保险单所载明的目的地，则以该项货物开始转运时终止。

(2)由于被保险人无法控制的运输延迟、绕道、被迫卸货、重行装载、转载或承运人运用运输契约赋予的权限所作的任何运输上的变更或终止运输契约,致使被保险货物运到非保险单所载明目的地,在被保险人及时将获知的情况通知保险人并在必要时加缴保险费的情况下,本保险仍继续有效,保险责任按下列规定终止:

第一,被保险货物如在非保险单所载明的目的地出售,保险责任至交货时为止,但不论任何情况,均以被保险货物在卸载地点全部卸离运输工具后满60天(空运险为30天)为止。

第二,被保险货物如在上述60天(空运险为30天)期限内继续运往保险单所载原目的地或其他目的地,则保险责任仍按上述第1款的规定终止。

10. 保险单的作用和种类

保险单是一份保险合同证明,也是一份赔偿合同。保险单经过背书后,还可以随货物所有权的转移而进行转让。目前,我国进出口业务中使用的保险单的种类主要有保险单、保险凭证、预约保险单和保险批单。

(1)保险单(insurance policy)。保险单又称"大保单",是保险人与被保险人之间订立保险合同的一种正式证明。

保险单的正面印有海上保险所需的基本事项,包括:被保险人和保险人名称;保险标的名称、数量、包装;保险金额、保险费率和保险费;运输工具开航日期、装运港和目的港;承保险别;检验理赔人或代理人名称;赔款偿付地点;合同签订日期等。而保险单的背面则列明了一般保险条款,规定保险人与被保险人的各项权利和义务、保险责任范围、除外责任、责任起讫、损失处理、索赔理赔、保险争议处理、时效条款等各项内容。

(2)保险凭证(insurance certificate)。保险凭证实质上是一种简化的保险单。保险凭证因与海上保险单具有同等的法律效力,故又被称为"小保单",用以证明海上货物运输保险合同的有效存在。保险凭证在现在实际业务中已经很少使用。保险凭证正面所列内容与海上保险单是一样的,但是其背面是空白的,没有载明保险条款,而在正面声明以同类海上保险单所载条款为准。

(3)预约保险单(open policy)。预约保险单又称"开口保险单"。它一般适用于经常有相同类型货物需要陆续装运的保险。这种事先预约的保险合同在我国的货物进(出)口中广泛适用,特别是我国进口货物基本上都采用预约保险单。许多贸易公司与保险公司订有预约保险合约,凡该公司出口或进口的货物均在预约保险的保障范围内。

(4)保险批单(endorsement)。保险批单是保险公司在保险单出立后,根据投保人的需求,对保险内容进行补充或变更而出具的一种凭证。批单是保险单的组成部分。保险单据应按信用证规定的内容提交。如信用证规定提交保险单,则只能接受保险单;如信用证规定是预约保险下的保险证明/声明,则保险单可作替代。除非信用证特别授权,否则,保险单是不能被接受的。

11. 保险金额和保险费

保险金额是保险公司承担赔偿或给付保险金责任的最高限额,也是保险公司计算保险费的依据。保险金额的计算公式:

保险金额=CIF(CIP)价×(1+投保加成率)。

保险费的计算公式:

保险费＝保险金额×保险费率＝CIF(CIP)价×(1＋投保加成率)×保险费率。

12. 保险与 UCP600 条款

(1) UCP600 第 28 条 a 款规定,保险单据,如保险单或预约保险项下的保险证明书或者声明书,必须看似由保险公司、承保人或其代理人代表出具并签署；代理人或代表的签字必须标明其系代表保险公司或承保人签字。

(2) UCP600 第 28 条 b 款规定,如果保险单据表明其以多份正本出具,所有正本均须提交。

(3) UCP600 第 28 条 c 款规定,暂保单将不被接受。

(4) UCP600 第 28 条 d 款规定,可以接受保险单代替预约保险项下的保险证明书或声明书。

(5) UCP600 第 28 条 e 款规定,保险单据日期不得晚于发运日期,除非保险单据表明保险责任不迟于发运日生效。

(6) UCP600 第 28 条 f 款规定,保险单据必须标明投保金额并以与信用证相同的货币表示；信用证对于投保金额为货物价值、发票金额或类似金额的某一比例的要求,将被视为对最低保额的要求；如果信用证对投保金额未作规定,投保金额须至少为货物的 CIF 或 CIP 价格的 110%；如果从单据中不能确定 CIF 或者 CIP 价格,投保金额必须基于要求承付或议付的金额,或者基于发票上显示的货物总值来计算,两者之中取金额较高者；保险单据须标明承保的风险区间至少涵盖从信用证规定的货物监管地或发运地开始到卸货地或最终目的地为止。

(7) UCP600 第 28 条 g 款规定,信用证应规定所需投保的险别及附加险(如有的话)。如果信用证使用诸如"通常风险"或"惯常风险"等含义不确切的用语,则无论是否有漏保风险,保险单据将被照样接受。

(8) UCP600 第 28 条 h 款规定,当信用证规定投保"一切险"时,如保险单据载有任何"一切险"批注或条款,无论是否有"一切险"标题,均将被接受,即使其声明任何风险除外。

(9) UCP600 第 28 条 i 款规定,保险单据可以援引任何除外责任条款。

(10) UCP600 第 28 条 j 款规定,保险单据可以注明受免赔率或免赔额(减除额)约束。

实训方法

(1) 确定投保条款及投保范围。
(2) 缮制投保单。
(3) 确定保险金额,计算保险费。

实训项目

1. 情境资料

2014 年 4 月 16 日,在完成托运手续确认船期后,安徽通达进出口有限公司工作人员根据 L/C 中保险单条款"＋INSURANCE POLICY/CERTIFICATE IN DUPLICATE ENDOREED IN BLANK FOR 110% INVOICE VALUE,COVERING ALL RISKS OF

CIC OF PICC(1/1/1981)INCL. WAREHOUSE TO WAREHOUSE AND I. O. P AND SHOWING THE CLAIMING CURRENCY IS THE SAME AS THE CURRENCY OF CREDIT."和"+ THE NUMBER AND THE DATE OF THIS CREDIT AND THE NAME OF ISSUING BANK MUST BE QUOTED ON ALL DOCUMENTS."等其他相关条款，以及商业发票和装箱清单制作投保单，准备投保单据向保险公司办理投保手续。

(1)商业发票。

表 5-1　商业发票

ANHUI TONGDA IMPORT & EXPORT CO. ,LTD. 19 TAIHU STREET, HEFEI, P. R. CHINA TEL:086－0551－66739177　FAX:086－0551－66739178 COMMERCIAL INVOICE			
To:	SIK TRADING CO. ,LTD. 16 TOM STREET, DUBAI, UAE	Invoice No. :	JY14018
^^	^^	Invoice Date:	APR. 11, 2014
^^	^^	S/C No. :	ZJJY0739
^^	^^	S/C Date:	FEB. 15, 2014
From:	SHANGHAI, CHINA	To:	DUBAI, UAE
L/C No. :	FFF07699	Issue By:	HSBC BANK PLC, DUBAI, UAE
Date of Issue:	FEB. 25, 2014	^^	^^
Marks and Numbers	Number and kind of package Description of goods	Quantity	Unit Price	Amount
SIK ZJJY0739 L357/L358 DUBAI, UAE C/N No. : 1－502	LADIES JACKET SHELL: WOVEN TWILL 100% COTTON, LINING: WOVEN 100% POLYESTER, ORDER No. SIK 768 STYLE NO. L357 STYLE NO. L358 PACKED IN 9 PCS/CTN, TOTALY FIVE HUNDERED AND TWO CARTONS ONLY.	2,250 PCS 2,268 PCS	CIFDUBAI, UAE USD12.00 USD12.00	USD27,000.00 USD27,216.00
TOTAL:		4,518 PCS		USD54,216.00

续表

ANHUI TONGDA IMPORT & EXPORT CO.,LTD. 19 TAIHU STREET,HEFEI,P.R.CHINA TEL:086-0551-66739177 FAX:086-0551-66739178	
COMMERCIAL INVOICE	
SAY TOTAL:	USDOLLARS FIFTY FOUR THOUSAND TWO HUNDERD AND SIXTEEN ONLY.
	ANHUI TONGDA IMPORT & EXPORT CO.,LTD. 陈欢

(2)装箱清单。

表 5-2 装箱清单

ANHUI TONGDA IMPORT & EXPORT CO.,LTD. 19 TAIHU STREET,HEFEI,P.R.CHINA TEL:086-0551-66739177 FAX:086-0551-66739178						
PACKING LIST						
To:	SIK TRADING CO.,LTD. 16 TOM STREET,DUBAI,UAE	Invoice No.:			JY14018	
^	^	Invoice Date:			APR.11,2014	
^	^	S/C No.:			ZJJY0739	
^	^	S/C Date:			FEB.15,2014	
From:	SHANGHAI,CHINA	To:	DUBAI,UAE			
L/C No.:	FFF07699	Issue By:	HSBC BANK PLC,DUBAI,UAE			
Date of Issue:	FEB.25,2014	^	^			
Marks and Numbers	Number and kind of package Description of goods	Quantity	Package	G.W.	N.W.	Meas.
ZJJY0739 L357/L358 DUBAI,UAE C/N No.: 1-502	LADIES JACKET STYLE No.L357 STYLE No.L358 PACKED IN 9 PCS/CTN, SHIPPED IN 1×40'FCL	2,250 PCS 2,268 PCS	250CTNS 252CTNS	2,500 kg 2,500 kg	2,250 kg 2,250 kg	29.363 m³ 29.597 m³
TOTAL:		4,518 PCS	502CTNS	5,000 kg	4,500 kg	58.96 m³
SAY TOTAL:	FIVE HUNDERD AND TWO CARTONS ONLY					

2．实训说明

(1)被保险人(iusured)。被保险人项填在保险单上的"at the request of"后面。被保险人有以下几种填法：

①L/C无特殊要求，或要求"Endorsed in blank"一般应填 L/C 受益人名称，可不填详细地址，且出口公司应在保险单背面背书。

②若来证指定以××公司为被保险人，则应在此栏填"××CO."。出口公司不要背书。

③若来证规定以某银行为抬头，则在此栏先填上受益人名称，再填上"held to the order of ×× bank"。

(2)发票号、合同号和信用证号码应根据商业发票、合同、信用证相应信息进行填写。

(3)商业发票金额和投保加成，应根据商业发票和信用证的要求填写。若信用证没有规定投保加成比例，根据 UCP600 规定，应至少按 CIF 或 CIP 发票价格的110％金额进行投保。

(4)唛头(marks & Nos.)。保险单上标记应与发票、提单上一致。若来证无特殊规定，一般可简单填成"as per Invoice No. ×××"。

(5)包装及数量。有包装的填写最大包装件数；裸装货物要注明本身件数；煤炭、石油等散装货要注明净重；有包装但以重量计价的，应把包装重量与计价重量都注上。

(6)保险货物项目。保险货物名称允许用统称，但不同类别的多种货物应注明不同类别的各自总称，并应与提单此栏项目填写一致。

(7)保险金额。

保险金额：可小写。

总保险金额：大写累计金额。

注意：保险货币应与 L/C 一致，大小写应一致；保险金额不要保留小数，出现小数时无论多少一律向上进位。

(8)装载工具。

海运方式下：填写"船名＋航次"，若由2次运输完成，则应分别填写一程船名及二程船名，中间用"/"隔开。

铁路运输方式下："By railway＋车号"。

航空运输方式下："By air"。

邮包运输方式下："By parcel post"。

(9)起运日期。应按 B/L 中的签发日期填，还可以简单地填作"AS PER B/L"。

(10)装运港和目的港(略)。

(11)承保险别。出口公司在制单时，先在投保单上填写这一栏内容，当全部保险单填好交给保险公司审核确认时，才由保险公司把承保险别的详细内容加注在正本保单上。

注意：应严格按照 L/C 中的险别投保；若 L/C 中未具体规定险别，则可投保最低责任险平安险"FPA"或3种基本险种的任何一种；投保的险别除注明险别名称外，还应注明险别使用的文本和日期。填写时，一般只需填写险别的英文缩写，同时注明险别的来源，即颁布这些险别的保险公司，并指明险别生效的时间即可。

(12)赔款偿付地点。应严格按照信用证规定填写,若 L/C 未规定,则应填目的港。若 L/C 规定不止一个目的港或赔付地,则应全部照填。

(13)投保日期。保险手续要求在货物离开出口仓库前办理,填写的投保日期应至少早于提单签发日、起运日或接受监管日。

(14)其他。根据 L/C 中关于保险单的特殊要求条款,投保时应在投保单上注明,如"所有单据注明信用证号码、开证日期和开证行名称"、"保险单上显示保险公司在目的地的保险代理名称、地址和联系方式"等。

(15)签字。投保人应签字盖章。

3. 实训要求

任务 1 根据以上背景资料及相关说明,完成投保单的填写。

任务 2 办理投保手续。

出口货物运输保险投保单			
发票号码		投保条款和险别	
被保险人	客户抬头	(□)	PICC CLAUSE
^	^	(□)	ICC CLAUSE
^	^	(□)	ALL RISKS
^	^	(□)	W.P.A./W.A.
^	^	(□)	F.P.A.
^	^	(□)	WAR RISKS
^	过户	(□)	S.R.C.C.
^	^	(□)	STRIKE
^	^	(□)	ICC CLAUSE A
^	^	(□)	ICC CLAUSE B
^	^	(□)	ICC CLAUSE C
保险金额	USD ( )	(□)	AIR TPT ALL RISKS
^	HKD ( )	(□)	AIR TPT RISKS
^	( ) ( )	(□)	O/L TPT ALL RISKS
启运港		(□)	O/L TPT RISKS
目的港		(□)	TRANSHIPMENT RISKS
转内陆		(□)	WTOW
开航日期		(□)	T.P.N.D.
船名航次		(□)	F.R.E.C.
赔款地点		(□)	R.F.W.D.
赔付币别		(□)	RISKS OF BREAKAGE
正本份数		(□)	I.O.P.

续表

出口货物运输保险投保单	
其他特别条款	
以下由保险公司填写	
保单号码	费率
签单日期	保险费
投保日期	投保人签章

中国人民保险公司

PICC　　**The People's Insurance Company of China**

总部设于北京　一九四九年创立

Head Office Beijing Established in 1949

货物运输保险单

CARGO TRANSPORTATION INSURANCE POLICY

发票号(INVOICE No.)　　　　　　保单号次(POLICY No.)

合同号(CONTRACT No.)

信用证号:(L/C No.)

被保险人：

INSURED：

　　中国人民保险公司(以下简称"本公司")根据被保险人的要求，由被保险人向本公司缴付约定的保险费，按照本保险单保险别和背面所载条款与下列特款承保下述货物运输保险，特立本保险单。

THIS POLICY OF INSURANCE WITNESSES THAT THE PEOPLE'S INSURANCE COMPANY OF CHINA (HEREINAFTER CALLED "THE COMPANY") AT THE REQUEST OF THE INSURED AND IN CONSIDERATION OF THE AGREED PREMIUM PAID TO THE COMPANY BY THE INSURED, UNDERTAKES TO INSURE THE UNEDRMENTIONED GOODS IN TRANSPORTATION SUBJECT TO THE CONDITIONS OF THIS POLICY AS PER THE CLAUSES PRINTED OVERLEAF AND OTHER SPECIAL CLAUSES ATTACHED HEREON.

标记 MARKS&NOS	包装及数量 QUANTITY	保险货物项目 DESCRIPTION OF GOODS	保险金额 AMOUNT INSURED

总保险金额 TOTAL AMOUNT INSURED：　SAY US DOLLARS THIRTY-THREE THOUSANDS SIX HUNDRED AND SIXTY ONLY.

保险：	起运日期：	装载运输工具：
PERMIUM：	DATE OF COMMENCEMENT：	PER CONVEYANCE：
自	经	至
FROM：	WIA	TO

承保险别：
CONDITIONS：

所保货物,如发生保险单项下可能引起索赔的损失或损坏,应立即通知本公司下述代理人查勘。如果索赔,应向本公司提交保单正本(本保险单共有一份正本)及相关文件。如一份正本已用于索赔,其余正本自动失效。

IN THE EVENT OF LOSS OR DAMAGE WITCH MAY RESULT IN A CLAIM UNDER THIS POLICY,IMMEDIATE NOTICE MUST BE GIVEN TO THE COMPANY'S AGENT AS MENTIONED HEREUNDER. CLAIMS,IF ANY,ONE OF THE ORIGINAL POLICY WHICH HAS BEEN ISSUED IN ORIGINAL(S) TOGETHER WITH THE RELEVANT DOCUMENTS SHALL BE SURRENDERED TO THE COMPANY. IF ONE OF THE ORIGINAL POLICY HAS BEEN ACCOMPLISHED. THE OTHERS TO BE VOLD.

中国人民保险公司
The People's Insurance Company of China

赔款偿付地点
CLAIM PAYABLE AT

出单日期
ISSUING DATE

Authorized Signature

4.实训考核

表5-3　项目五实训考核表

小组成员			评分		
序号	考核标准	分值(分)	自评(20%)	小组(30%)	教师(50%)
1	险种选择正确	20			
2	保险费计算正确	20			
3	保单填写规范	20			
4	整个操作熟练、有序	20			
5	实训指导书填写规范、完整	20			
评价人签名					
综合得分					
评语				签名　　年　月　日	

项目六　海运杂货班轮货运出口业务实训

实训目标

了解班轮运输的基本理论知识，掌握海运杂货班轮货运出口的流程，正确填写出口业务的相关单据，学会计算运费。

知识准备

1. 杂货班轮

杂货班轮运输是最早的班轮运输，运输的货物以件杂货为主，还可以运输一些散货、重大件等特殊货物。杂货班轮运输中，通常在装/卸货港的码头或仓库进行交接货物。杂货班轮运输出口业务流程如表6-1所示。

表6-1　杂货班轮运输出口业务流程

	托运人	货代公司	船舶代理人	船公司	理货与卸货公司	海关	银行
订舱	需要运输货物，签订货代合同	货代委托书，货物明细单，装箱单，商业发票核销单	提出货物装运申请，办理订舱、报检、报关、验货手续	托运单装货联单装货联单（除底联）	核对单证信息；编制装货清单		查验货物和单证信息，如无问题，在装货联单上盖章。	
装船	将货物送至指定码头仓库	换取提单　提单	大副收据　大副收据　审核大副收据，换发提单位	大副核实装货单，签发收货单	大副根据载货清单编制表单　载货清单　货物积载图　留存货运资料，交沿途各港及目的港代理人作为进口舱单报关	计划装船工，监督装船工作，核实货物情况	查验各港口货物情况	
结算	支付运费，取得提交单	提单　结算	结算				结汇

2. 货代出口流程

（1）托运人根据合同或信用证填制海运出口货物代运委托单，随附商业发票、装箱单等必要单据，委托货代公司代运代理订舱，有时还委托其代理报关及货物储运等事宜。

（2）货代公司根据托运人的海运出口货代委托书，向船舶代理人（也可以直接向船公司或其营业所）提出货物装运申请，缮制并递交托运单，随同商业发票、装箱单等单据一同向船公司或船舶代理人办理订舱手续。

(3)船公司或船舶代理人同意承运后,则在托运单上编号(该号将来即为提单号),填上船名、航次,并签名,同时,把配舱回单、装货单等与托运人有关的单据留底联留下后交还给货代公司,并要求托运人将货物及时送至指定的码头作业。

(4)货代公司持船公司或船舶代理人签署的装货单及报关所需的全套必要文件,向海关办理货物出口报关、验货放行手续。

(5)海关进行查验,如同意出口,则在装货单上盖放行章,并将装货单交还给货代公司。

(6)船舶代理人根据留底联编制装货清单,送船公司及理货公司、装卸公司。

(7)大副根据装货清单编制货物积载计划,让船舶代理人分送理货、装卸公司等按计划装船。

(8)货代公司将经过检验的货物送至指定的码头仓库准备装船。

(9)理货公司理货员负责监督装船,具体核对唛头、件数、包装方式、货名与装、收货单及有关单据描述是否一致,并在装货单上填入实际装船日期、时间、所装舱位和数量,并经理货长签名后将装货单、收货单交大副,大副核实无误后留下装货单并签发收货单。

(10)理货长将大副签发的收货单即大副收据转交给货代公司。

(11)货代公司持大副收据到船舶代理人处付清运费(预付运费的情况下),换取正本已装船提单。

(12)船舶代理人审核大副收据无误后,留下大副收据,签发提单给货代公司。

(13)大副收据上如无批注,船舶代理人即可向货代公司签发已装船清洁提单,并将提单副本交船公司留作货运资料。

(14)船舶代理人将实际的出口载货清单与签发的提单核对无误后,分别交船公司作为货运资料,交沿途各港及目的港船舶代理人作为进口舱单报关。

(15)托运人向货代公司结算运费,取得全套已装船提单,凭此结汇。

3.相关单证

(1)商业发票。除非信用证另有规定,商业发票的抬头必须写成开证申请人,一般都默认填写信用证的申请人或收货人的名称和地址。发票号码由出口公司自行编制,一般采用顺序号。

发票签发日期应早于信用证规定的交单到期日期和提单的签发日期。

合同编号填写外销合同编号;信用证编号填写信用证编号;起运港填写起运港(发货港)英文名;目的港填写目的港英文名。

Marks & No. 填写 main mark,多个 main mark 之间用英文逗号隔开,并按先后顺序填写。

总额填写外销合同总额的英文描述;签发结构填写出口商英文名。

特殊条款包括列明货物的 FOB 金额、运费以及保险费,注明货物原产地等,是根据实际情况填写的。

(2)货物明细单。抬头人填写进口商中文和英文名称,通知人填写货代公司中文和英文名称,经营单位填写经营该出口业务的公司名称。

依据合同内容填写合同号、外运编号、核销单号和许可证号。

银行编号为出口商结汇银行的编号;信用证号码填写进口地银行信用证号;合同号填写合同编号;结汇方式填写付款方式;出口口岸填写装货港;目的港填写目的地。

货物性质根据国家相关规定要求填写,如液体货物、清洁货物、危险货物、易腐货物、贵重货物等。

唛头由收货人、目的地、件号和件数以及有关参考号码组成,要与信用证、提单、托运单据一致,如信用证未规定,则可自行设计或填写"N/M"。

货名规格与型号应与商业发票中一致,数量为实际交货的数额,件数填写最大包装的件数,如出口22万件服装,装在300个箱子内,则应填写300 CARTONS,重量填写整批货实际的总净重和总毛重(与提单和装箱单一致),单价和总价应填写计价货币、计量单位、单价数额和价格术语4部分,并按实际情况填写,如"USD 25 PER SET FOB ZHONGSHAN"。

总体积填写实际货物的体积,包含货物之间空隙所产生的体积,一般以立方米为计量单位。

保险单根据出口商所投保的具体情况填写。

(3)装箱单。出口商和进口商的名称、地址、电话、传真号按合同内容填写。

箱单号填写发票编号。发票编号、发票日期、合同号、信用证号与商业发票上的相关内容一致,发票编号填写商业发票编号。

起运港填写装货港;目的港填写目的地;签发机构填写出口商中文和英文名称。

唛头、商品描述、数量、件数、毛重、净重、体积与装货明细单的相应内容一样,并与信用证的内容一致。

出口商签章应与发票签章一致。

(4)托运单。托运单即订舱单、订舱申请书,填写要求请参照任务2。

(5)装货联单。装货联单通常由托运单留底、装货单、收货单3联组成:第一联为留底联,用于缮制其他货运单证;第二联是装货单;第三联是收货单,是船方接受货物装船后签发给托运人的收据。

装货联单上应填写托运人名称、编号、船名、目的港、货物的详细情况及货物装船。其内容与商业发票和托运单一致。

船名根据船舶代理人签发的托运单中的船名填写;目的港填写最终到货港的名称;托运人填写出口商的名称;编号填写提单号码;收货人填写与托运单一致的进口商名称;被通知人填写进口商的详细名称。

唛头与合同中一致,件数填写最大包装数量,货名与托运单中的一致,重量与托运单中的毛重和净重一致,尺码填写整批货物的尺码总数。

日期填写制作装货联单的日期,也可不填。装入何舱、实收、理货员签名、大副签名都需要根据货物实际装验的情况由船公司船舶代理人填写。

(6)装货清单。船名填写承担货物运输的船舶名称,关单号码填写装货联单的号码。

件数填写最大包装数量,货名填写所运货物的具体名称,重量与托运单中的净重一致,估计立方米填写实际货物的体积,包含货物的空隙所产生的体积,这些项目的填写均与装货联单和装箱单一致。

(7)载货清单。载货清单编号为12位英文字母与数字的组合,第一位为国别代码

(中国为 C),第二位、第三位为年份,第四位至第七位为关区代码,第八位至第十二位为流水号。

发货人填写向运输公司交付货物的企业名称及地址,一行填写不了的可逐行填写。

收货人栏填写最终收取货物的企业名称大写,并用阿拉伯数字附注。

所载货物重量,单位为千克,使用中文大写,并用阿拉伯数字附注。所载货物的总价值,使用中文大写,并用阿拉伯数字附注,写明币种。

承运人声明栏填写承运人正式全称,标明国际道路运输许可证号码。

合同号栏填写进出口货物合同(协议)的本栏目,根据实际情况,选择"过境"或"其他",并在方格中标记"√"。

(8)货物积载图。用图形的形式表示货物在船舱内的装载情况,使每一票货物都能形象具体地显示在其船舱内位置。

(9)危险货物清单。注明货名、编号、数量、容器、标志、危险品的等级以及其他提醒注意的事项。凡船舶载运危险货物时,船方应向我国海事局申请派员监督装卸。装货港装船完毕后由监装部门签发给船方一份"危险货物安全装载书"。

(10)大副收据。大副收据的格式和填写内容与装货单相同,只是在最后有"大副签字"一栏。

(11)提单。提单右上角应填写提单号码,提单上所签的日期必须与信用证或合同上所要求的最后装船期一致或先于装船期。托运人填写出口商名称;收货人填写进口商名称;通知人填写信用证申请人的名称和地址。

船名航次:若货物无须转运,则填写实际运输船舶的船名和航次;若需要转运,则填写最后一个航程的船名和航次,将前一航程的船名填写在前程运输栏中,收货地填写中转地。

装货港:若货物无须转运,填写装运港名称;若货物需转运,填写最后一个中转港口名称。卸货港填写目的港名称。交货地填写货物实际交付的地点。

目的地是货物运送的最终地点的名称,若目的地与目的港一致,则此栏不填。

正本提单份数是船公司承运此批货物所开具的正本提单的份数,一般为 1~3 份,"original"为正本提单,"copy"为副本提单,提单份数要与信用证上的一致。

唛头、包装种类和数量、货物名称、毛重、体积、总件数与托运单上的一致,体积要填写货物的实际尺码,以立方米为单位,数值在小数点后保留三位。

运费栏中填写"运费预付"或"运费到付"。若为预付,则在运费预付栏中填写预付金额,并在预付地点栏中填写实际预付的地点;若为到付,运费到付栏中填写到付金额,并在到付地点栏中填写实际到付的地点。

运费吨填写重量吨或体积吨,依据货物的实际情况填写。运费率填写每单位货物的价格,与每吨或每立方米运费的价格对应。计费单位填写实际计算运费的货物的重量或体积,一般选择其中数值大者填写。出单地点和时间一般与装船日期一致。

4. 运费计算

运费计算公式:总运费=基本运价×计费吨+附加费总和。

实训方法

按照任务要求,阅读教材相关内容进行实训。
(1)分角色演示杂货班轮货运出口的流程。
(2)缮制杂货班轮运输的相关单据。
(3)根据客户要求,计算运费。

实训项目

1.情境资料

2014年5月10日,广州盛威国际货运代理公司接到广州菲潮服装贸易公司的来电,要从广州出口80000件(500箱)纯棉服装到美国波士顿MADY服装有限公司,采用杂货班轮运输,从广州黄埔港运往波士顿港。该批服装的唛头为CLE 38AM0641 FEATAL C/No.132,合同号14EDA—011,海运编号012605339,许可证号113574562,核销单号110359688,报关单号525553465,银行编号00957413,航名/航次ANGELES—0028E,提单号SMLNSKARA04937。出口的服装总体积为673m^3,毛重3896kg,净重3814kg,总价为72万元。

2.实训要求

任务1 分角色演示杂货班轮货运出口的流程。

团队成员分别扮演托运人、货代公司、船舶代理人、船舶工作人员等角色,演示服装出口的基本流程及主要单据的流转过程。

任务2 缮制货物明细单。

实训说明:该批服装一次性运到波士顿港口,经营单位为上海扬帆公司,地址是上海市嘉定区平城路1403号,约定运费到付,信用证的开证日期为2014年12月3日,收到日期为2014年12月15日,收汇方式为电汇,装运期限为一个月,有效期限为半个月。菲潮服装贸易公司已投保FPA基本险和SRCC附加险,保额为货物总价的110%,赔付地点为目的港,海关编号6350.2791。

实训要求:根据客户材料,协助客户缮制货物明细单。

表6-2 货物明细单

出口货物明细单		银行编号		外运编号	
年 月 日		核销单号		许可证号	
经营单位		合同号			
		信用证号			
		开证日期		收到日期	

续表

提单或承运收据	抬头人			金额		收汇方式	
				货物性质		贸易国别	
	通知人			出口口岸		目的港	
				可否转运		可否分批	
	运费			装运期限		有效期限	

标记唛头	货名规格及货号	件数	数量	体积	毛重	净重	价格(成交条件)	
							单价	总价

本公司注意事项			总体积	
		保险单	险别	
			保额	
			赔款地点	
外运外轮注意事项			船名	
			海关编号	
			放行日期	
			制单员	

任务 3 缮制装箱单。

实训说明：MADY 服装有限公司地址为美国波士顿联邦大道 271 号，电话 617－353－9600，传真 617－953－300；菲潮服装贸易公司地址为广州市黄埔区香雪八路 654 号，电话 020－82151025，传真 020－82151068。箱单号为 6310005，发票号为 14EDA—012，发票日期为 2014 年 12 月 1 日。

实训要求：根据客户材料，协助客户缮制装箱单。

表 6-3 装箱单

出口商 EXPORTER	
名称 Name： 地址 Address： 电话 Tel.： 传真号 Fax：	装箱单 PACKING LIST
进口商 IMPORTER	
名称 Name： 地址 Address： 电话 Tel.： 传真号 Fax：	箱单号 P/L DATE：
	发票号 INVOICE No.：
	发票日期 INVOICE DATE：
	合同号 CONTRACT No.：

续表

信用证号 Letter of Credit No.：			装运日期 Date of Shipment：			
出发港 From：			目的港 To：			
唛头 Marks	商品描述 Description of goods； Commodity No.	数量 Quantity	件数 Package	毛重 G. W.	净重 N. W.	体积 Meas.
总计 Total amount：						
					出口商签章 Exporter stamp an signature	

任务 4 缮制装货清单。

实训要求：根据客户的相关材料，缮制装货清单。

表 6-4 装货清单

装货清单

Loading list of S. S.

船名 M. V.

关单号码 S/O No.	件数及包装 No. of Pkgs	货名 Description	重量吨 Weight in Metric Tons	估计立方米 Estimated Space in cu. M.	备注 Remarks

任务 5　缮制载货清单。

实训说明:承运车辆进出境许可证号码059732560,驾驶员是孙平,日期为2014年12月20日。

实训要求:根据相关要求和客户材料,缮制载货清单。

载 货 清 单
编号_____

拖车号　　　　　　　　　　　　　　集装箱编号
装货地点　　　　　　　　　　　　　卸货地点
出境日期　　　　　　　　　　　　　此载货清单共_____联

编号	货物名称及规格	唛头及编号	包装方式及件数	净重（千克）	价格（币种）	发货人	收货人
合计							

（承运人名称）_____声明:上列货物由本承运人承运,并负责向海关承担责任。

_____承运车辆进出境许可证号码。

驾驶员姓名:_____　签名:_____　日期:_____

合同号	海关关锁号	
海关监管方式 ☐过境 ☐其他	起运国海关批注、签章	指运国海关批注、签章
备注:	关员签名:	日期:

任务 6　缮制装货联单。

实训说明:该批服装已于2014年12月22日由理货员李嘉在大副陈锋的协助下装入船运公司的D3舱。

实训要求:根据相关要求和客户材料,缮制装货联单。

中国外轮代理公司
CHINA OCEAN SHIPPING AGENCY

留底

CONTER FOIL　　　S/O No.（编号）_____

船名　　　　　　　　　　　　　　目的港
S/S _____　　For _____

托运人
Shipper _____

收货人
Consignee _____

被通知人
Notify _____

标记及号码 Marks & Nos.	件数 Quantity	货名 Description of Goods	毛重量（千克） Gross Weight In Kilos	尺码（立方米） Measurement
共计件数（大写） Total Number of Packages in words				

日期　　　　　　　　　　　　　　时间
Date _____　　　Time _____

装入何舱
Stowed _____

实　收
Received _____

理货员签名　　　　　　　　　　　经办员
Tallied By _____　Approved By _____

中国外轮代理公司
CHINA OCEAN SHIPPING AGENCY
装货单
SHIPPING ORDER S/O No. _____

船名
S/S _____ 目的港
For _____

托运人
Shipper _____

收货人
Consignee _____

被通知人
Notify _____

兹将下列完好状况之货物装船并签署收货单据。
Received on board the under mentioned goods apparent in good order and condition and sign the accompanying receipt for the same.

标记及号码 Marks & Nos.	件数 Quantity	货名 Description of Goods	毛/净重量(千克) Weight In Kilos		尺码(立方米) Measurement
			Net	Gross	
共计件数(大写) Total Number of Packages in writing					

日 期
Date _____ 时 间
Time _____

装入何舱
Stowed _____

实 收
Received _____

理货员签名
Tallied By _____ 经办员
Approved By _____

中国外轮代理公司
CHINA OCEAN SHIPPING AGENCY
收货单
MATES RECEIPT   S/O No. _____

船名
S/S _____   目的港
                                For _____

托运人
Shipper _____

收货人
Consignee _____

被通知人
Notify _____

兹将下列完好状况之货物装船并签署收货单据。
Received on board the under mentioned goods apparent in good order and condition and sign the accompanying receipt for the same.

标记及号码 Marks & Nos.	件数 Quantity	货名 Description of Goods	毛/净重量(千克) Weight In Kilos		尺码(立方米) Measurement
			Net	Gross	
共计件数(大写) Total Number of Packages in writing					

日期
Date _____   时间
                                Time _____

装入何舱
Stowed _____

实收
Received _____

理货员签名   大副
Tallied By _____   Chief Officer _____

任务 7 缮制海运提单。

实训要求:根据相关要求和客户材料,缮制海运提单。

1. SHIPPER（托运人）		B/L No. COSCO 中国远洋运输（集团）总公司 CHINA OCEAN SHIPPING (GROUP) CO.	
2. CONSIGNEE（收货人）			
3. NOTIFY PARTY（通知人）			
4. PRE-CARRIAGE BY（前程运输）	5. PLACE OF RECEIPT（收货地）		
6. OCEAN VESSEL VOY. No.（船名及航次）	7. PORT OF LOADING（装货港）	ORIGINAL Combined Transport Bill of Lading	
8. PORT OF DISCHARGE（卸货港）	9. PLACE OF DELIVERY（交货地）	10. FINAL DESTINATION FOR THE MERCHANT'S REFERENCE（目的地）	
11. MARKS（唛头）	12. NOS. & KINDS OF PKGS（包装种类和数量）	13. DESCRIPTION OF GOODS（货物名称）	14. G.W.(KG)（毛重）	15. MEAS(m^3)（体积）
16. TOTAL NUMBER OF CONTAINERS OR PACKAGES(IN WORDS)（总件数）				
17. FREIGHT & CHARGES（运费）	REVENUE TONS（运费吨）	RATE（运费率）	PER（计费单位）	PREPAID（运费预付）	COLLECT（运费到付）
PREPAID AT（预付地点）	PAYABLE AT（到付地点）	18. PLACE AND DATE OF ISSUE（出单地点和时间）		
TOTAL PREPAID（预付总金额）	19. NUMBER OF ORIGINAL B(S)/L（正本提单的份数）	22. SIGNED FOR THE CARRIER（承运人签章）		
20. DATE（装船日期）	21. LOADING ON BOARD THE VESSEL BY（船名）	中国远洋运输（集团）总公司 CHINA OCEAN SHIPPING (GROUP) CO. ×××		

任务 8 根据客户要求,计算运费。

实训说明:此次货运计收标准为 W/M,海运线路基本运费为 60 美元/运费吨,另加收 20%燃油附加费、5%客户海运费佣金、1%货币附加费,订舱费 200 元,报关费 100 元,码头作业费 250 元,电放费 100 元,商检费 100 元。结算银行:中国银行广州中山路支行,联系人曹容,电话 15959951234。

实训要求:计算该批服装的总运费,填写费用结算单。

费用结算单

客户名称　　　　　　　客户编号　　　　　　　开航日期
船名航次　　　　　　　提 单 号　　　　　　　目 的 港
发 票 号
业 务 员

费用项目	收款单位	应付金额
燃油附加税	USD	
码头作业费	RMB	
订舱费	RMB	
报关费	RMB	
商检费	RMB	
海运费	USD	
电放费	RMB	
客户海运费佣金	USD	
货币附加费	USD	

户　　名:
开户行(RMB):　　　　　　　　　　联系人:
开户行(USD):　　　　　　　　　　联系方式:
账　　号:　　　　　　　　　　　　TEL.:
人民币(RMB):　　　　　　　　　　FAX:
美　元(USD):　　　　　　　　　　制单日期:

3. 实训考核

表 6-5　项目六实训考核表

小组成员			评分		
序号	考核标准	分值(分)	自评(20%)	小组(30%)	教师(50%)
1	海运提单缮制正确	30			
2	其他单据填写规范,缮制正确	40			
3	海运杂货班轮货运出口业务流程熟悉	10			
4	运费确定得当	10			

续表

5	角色扮演到位,团队协作表现良好	10			
评价人签名					
综合得分					
评语					

签名

年　月　日

项目七　海运集装箱整箱货出口业务实训

实训目标

了解整箱货出口的基本理论知识；
掌握海运集装箱整箱货出口的流程；
正确填写出口业务的相关单据。

知识准备

1. 整装箱（Full Container Load, FCL）

整装箱是指货方自行将货物装满整箱以后，以箱为单位托运的集装箱。这种情况通常在货主有足够货源装载一个或数个整箱时采用。除有些大的货主自己置备集装箱外，一般都是向承运人或集装箱租赁公司租用一定个数的集装箱。空箱运到工厂或仓库后，在海关人员监管下，货主把货物装入箱内、加锁、铝封后交承运人并取得站场收据，最后凭收据换取提/运单。集装箱整箱出口业务流程如表7-1所示。

表 7-1　集装箱整箱出口业务流程

	托运人	货代公司	船舶代理人	船公司	理货与卸货公司	海关	银行
订舱	需要运输货物，签订货代合同	货代委托单货物明细单装箱单商业发票核销单	提出货物装运申请，办理订舱、报检、报关、验货手续	托运联单；核对单证信息；编制装货清单		查验货物和单证信息，如无问题，在装货联单上盖章	
装船		到指定堆场领取空箱，装货并将其送至指定码头　换取提单　提单	集装箱设备交接单　集装箱箱单　大副收据　大副收据　审核大副收据，换发提单	大副根据托运联单编制表单　大副核实装货单，签发收货单　留存货运资料，交沿途各港及目的港代理作为进口舱单报关	载货清单货物积载图　计划装船工　监督装船工作、核实货物情况	查验各港口货物情况	
结算	支付运费，取得提交单	提单　退税单	结算	结算	退税单	根据装船舱单核发退税单	结汇

2. 集装箱整箱货出口业务流程

(1)托运人将托运委托书连同报关单据(包括退税单、外汇核销单、商业发票和不同商品海关需要缴验的各类单证)交货代公司。

(2)货代公司核阅委托书及有关报关单据后缮打托运订舱单送船公司或船舶代理人订舱。

(3)船公司或船舶代理人配载后将装货单、场站收据等联交还给货代公司。

(4)货代公司向海关办理计算机报关预录,并提交全套报关单据向出境海关申报出口。

(5)海关核运后在装货单上盖章放行,将装货单、场站收据等联交还给货代公司。

(6)货代公司将盖章放行的装货单、场站收据交船公司或船舶代理人和理货公司。

(7)船公司或船舶代理人根据订舱配载留底缮制装货清单、货物积载图等送到码头供收货和装船之用。

(8)货代公司向船公司或船舶代理人领取集装箱设备交接单到指定堆场领取空箱。

(9)货代公司到托运人储货地点装箱后,将集装箱货物连同集装箱装箱单、设备交接单送到码头。

(10)码头将船公司或船舶代理人提供的装货清单及集装箱装箱单送海关供海关监管装船。

(11)大副凭装货单接载,装货后签发场站收据,装货后场站收据由码头交船公司或船舶代理人。

(12)船公司或船舶代理人将实装船图、舱单、运费舱单、提单副本、集装箱装箱单副本等交沿途港船舶代理人作进口舱单报关和带交卸港。

(13)船公司或船舶代理人凭场站收据签发装船提单给货代公司。

(14)货代公司将装船提单送交托运人。

(15)船公司或船舶代理人将船舱单送海关,海关根据装船舱单核发退税单等凭证给货代公司。

(16)货代公司取得退税单、外汇核销单等送交托运人。

3. 主要单证

(1)装箱托运联单。装箱托运联单也称"场站收据",一式十联:第一联是集装箱货物托运单,由托运人留底;第二联也是集装箱货物托运单,由船舶代理人留底;第三、四联为运费通知;第五联为装货单(shipping order)且带附页;第六联(浅红色)为场站收据副本(大副联);第七联(黄色)为场站收据(dock receipt)正本;第八联货代留底;第九、第十联为配舱回单。船公司或其代理人接受订舱后在托运单上加填船名、航次及编号(此编号俗称"关单号",与该批货物的提单号基本上保持一致),并在第五联装货单上盖章,表示确认订舱,然后将第二至第四联留存,第五联以下全部交还货代公司。货代将第五联、第五联附页、第六联、第七联共4联拆下,作为报关单证之用,第九或第十联交托运人作配舱回执,其余供内部各环节使用。

托运人是填写委托运输的人,一般是出口商或其代理人。收货人要根据信用证的规定来填写,一般有3种填法,一是记名收货人,填写实际的收货人或其代理人;二是凭指示,填写To order;三是记名提示,填写To the order of ×××,一般为银行或贸易商。

通知人填写与信用证相一致的收货人或其代理人。

如货物需要转运,前程运输则填写第一程船的船名,收获地点填写收货的港口名称,船名航次填写第二程的船名和航次,装货港填写中转港名称;如货物不需转运,前程运输和收货地点空白不填,船名航次填写实际船舶的船名和航次,装货港填写装运港名称。

卸货港填写目的港名称。交货地点填写最终目的地名称,如果货物的目的地是目的港,空白不填。

集装箱号填写集装箱箱体两侧标示的全球唯一的集装箱编号。

封志号标记和号码与商业发票上的唛头一致,若无集装箱号和唛头,则填写"N/M"。

箱数与件数填写装入集装箱内货物的外包装件数或集装箱个数。如果是不同包装种类的货物装在同一集装箱内,货物总件数相加,包装种类用 Packages 表示。若采用托盘包装,要填写托盘数和货物总件数。

包装种类与货名要与信用证的要求一致。毛重填写货物毛重,单位是千克,内容要与报关单一致。尺码为货物的实际体积,单位为立方米。

正本提单份数为船公司为承运此批货物所开具的正本提单的份数,一般是 1~3 份,每份提单具有同等效力。提单签发的日期和地点填写货物实际装船完毕的日期,与收货单上大副所签的日期一致。

(2)出口集装箱预配明细表。TO 填写进口商名称,FROM 填写出口商名称,船公司填写承运船舶公司名称,航名航次填写实际的航名航次,开航日期填写船运输时间,港区填写出口港名称,委托人填写出口商或其代理人。箱型箱重填写 6 米(20 英尺)或 12 米(40 英尺)的标准集装箱及其重量。

进舱编号填写货代公司为区分货物做的编码,提单号与信用证一致。

包装种类与货名要与信用证的要求一致。毛重填写货物毛重,单位是千克,内容要与报关单一致。尺码为货物的实际体积,单位为立方米。

如有中转港,则填写中转港的代码,如无则不填。交货地点填写最终目的地名称。

(3)集装箱设备交接单。该交接单一式六联,上面三联用于出场,印有"出场 OUT"字样,第一联盖有船公司或其集装箱代理人的图章,集装箱空箱堆场凭此发箱,第一、第二联由堆场发箱后留存,第三联由提箱人(货运代理人)留存;设备交接单的下面三联作进场之用,印有"进场 IN"字样,该三联是在货物装箱后送到港口作业区堆场时作重箱交接之用,第一、第二两联由送货人交付港区道口,其中,第二联留港区,第一联转给船方以掌握集装箱的去向,送货人(货运代理人)自留第三联作为存根。

交接单号码按船公司或其代理人编制的号码填列,经办日期填制单日期。

用箱人一般为订舱的货运代理单位名称,提箱点填空箱存放地点,来自地点填租箱公司名称,收箱点填出口装船的港口作业区。

船名、航次、提单号、货物发往地点须与提单相关项目一致。集装箱号指提取空箱箱号,尺寸类型可简写,如 20/DC。营运人指集装箱经营人,如属船公司营运箱,则填船公司名称。

提单号填写提单号码,铅封号填写集装箱铅封上的号码。运载工具牌号指装运集装箱的车辆的牌号。出口货物使用的集装箱免费期限通常为 10 天,从提箱的日期开始计算,至集装箱所属的班轮航次的开航日期截止。

出场目的/状态填写出口装箱,如集装箱没有问题,则填写完好。进场目的/状态填写出口,如集装箱没有问题,则填写完好。出场日期填空箱提离堆场日期,进场日期填写重箱进入港口作业区日期。

(4)集装箱装箱单。出口商和进口商的名称、地址、电话号码、传真号码按合同内容填写。

箱单号填写发票编号。发票编号、发票日期、合同号、信用证号与商业发票上的相关内容一致,发票编号填写商业发票编号。

起运港填写装货港,目的港填写目的地,签发机构填写出口商中文和英文名称。

唛头、商品描述、数量、件数、毛重、净重、体积与装货明细单的相应内容一样,并与信用证的内容相一致。要注意表单中商品的数量应填写运输包装单位的数量,而不是计价单位的数量。出口商签章应与发票签章一致。

4. 对集装箱的特殊要求

(1)柜检(一般出口货物为食品类才需要)。柜检应尽早通知协检员预计拖装的时间,传真排载单以便安排柜检计划。柜检大约需要半个工作日,协检员填写(以下有效内容:报检编号、箱号、规格、温度、检验评定、协检员签章、检验员签章,并加盖货代公章),并向商检局提出申请,至指定堆场自检合格的集装箱处进行集装箱适载检验。检验合格后,由商检局出具中华人民共和国出入境检验检疫集装箱检验检疫合格单,其中,正本交给报关行以供换取通关单,副本上加盖"本联供产地检验检疫机构查验集装箱和存档之用",由业务员交还货主。协检员在编号内的柜检单发放完毕后,填写出境集装箱装载货物登记表,审核盖章送商检局核销。

(2)熏蒸。若货物为运往欧洲等国家的木制品或货物所使用的是木质托盘、木制包装,则应经过熏蒸,这是目的港的要求。熏蒸前,先确定货主的货物是否备齐,提前拖柜准备熏蒸。所需熏蒸材料:输欧货物木质包装材料声明(公章);报检委托书(公章);一份由货主出具的委托报检保函(公章);货物发票(公章);货物装箱清单(公章);如果由于天气原因,货物的外包装被淋湿,就可能导致标识加盖不清,又因交货时间紧迫,需在规定时间内加盖标识并熏蒸,故出具一份保函以备熏蒸。

5. 运费计算

在整箱货运输中,目前大多采用以箱为单位的计费方式,实行包箱费率(Box Rates)。整箱货包箱费率通常包括集装箱海运费用及码头装卸费用2种类型。

海运运费=基本运费+港口附加费。在实际中,还有其他费用,如燃油附加费、币值附加费、港口拥挤附加费、选港附加费等。

▎实训方法

根据所学知识,完成以下几个任务。

(1)缮制装箱托运联单等相关表单。

(2)填写一份租箱合同。

(3)选择航线,计算运费。

实训项目

1. 情境资料

2014年10月8日,深圳青青茶叶贸易公司需出口茶叶(2×20ft FCL)到法国普罗旺斯的Cooco公司,委托广州盛威国际货运代理公司为其代理此次货运工作。销售合同号为51TAC—068,毛重为4,086 kg,净重为3,994 kg,提单号为OAKW2371,货物托运单号为39564841,集装箱号为MSKU5072313,运输公司为马士基中国航运有限公司,航名/航次为马士基航运/1104,运港为深圳盐田港,进口港为法国马赛港,总金额为697万元。

2. 实训要求

根据所学知识,完成任务中的几个集装箱海运工作任务。

任务1 缮制一份装箱托运联单。

根据资料,参照有关标准要求,缮制一份装箱托运联单。

十联单第一联:集装箱货物托运单(货主留底)(B/N)

SHIPPER(发货人):	D/R No.(编号):	抬头
CONSIGNEE(收货人):	集装箱货物托运单	
NOTIFY PARTY(通知人):	船代留底	第一联
PRE-CARRIAGE BY(前程运输):	PLACE OF RECEIPT(收货地点):	
OCEAN VESSEL(船名) VOY. No.(航次):	PORT OF LOADING(装货港):	
PORT OF DISCHARGE(卸货港): PLACE OF DELIVERY(交货地点):	FINAL DESTINATION FOR THE MERCHANT'S REFERENCE(目的地):	

CONTAINER No.(集装箱号):	SEAL No.(封志号)	No. OF CONTAINERS OR PKGS(箱数或件数)	KIND OF PACKAGES; DESCRIPTION OF GOODS(包装种类与货名)	GROSS WEIGHT[毛重(千克)]:	MEASUREMENT[尺码(立方米)]
TOTAL NUMBER OF CONTAINERS OR PACKAGES(IN WORDS)[集装箱数或件数合计(大写)]					

续表

FREIGHT & CHARGES		REVENUE TONS	RATE	PRE	PREPAID	COLLECT
EX. RATE	PREPAID AT（预付地点）		PAYABLE AT（到付地点）		PLACE OF ISSUE（签发地点）	
	TOTAL PREPAID（预付总额）		No. OF ORIGINAL B/L（正本提单份数）			
SERVICE TYPE ON RECEIVE	SERVICE TYPE ON DELIVERY		REEFER TEMPERATURE REQUIRED	F		C
TYPE OF GOODS（种类）	ORDINARY（普通），REEFER（冷藏），DANGEROUS（危险），AUTO（裸装车辆）			DANGEROUS CARGO	CLASS: PROPERTY: IMDG CODE PAGE: UN No.	
	LIQUID（液体），LIVE ANIMAL（活动物），BULK（散货）					
可否转船：	可否分批：					
装期：	效期：					
金额：						
制单日期：						

注：十联单第二联：集装箱货物托运单（船代留底）（B/N）；十联单第三联：运费通知（1）；十联单第四联：运费通知（2）；十联单第五联：站收据（装货单）（S/O）；十联单第六联：大副联（场站收据副本）；十联单第七联：场站收据（D/R）；十联单第八联：货代留底；十联单第九联：货代负责的单证之出口；十联单第十联：货代负责的单证之出口，均与第一联相同，在此省略。

任务 2 缮制出口集装箱预配明细表。

实训说明：集装箱进舱编号为 A07926，船舶计划于 2014 年 11 月 19 日开航。

根据 A 公司的具体情况，缮制一份出口集装箱预配明细表。

出口集装箱预配明细表

TO： 开航日期：
FROM： 船名航次： 港　区：
船公司： 箱型箱重： 委托人：

进舱编号	提单号	件数 （包装）	重量 （kg）	体积 （CBM）	中文货名	中转港代码	交货地

备注：

T： F：

任务3 缮制集装箱设备交接单。

实训说明

集装箱设备交接单编号为0016582，集装箱外尺寸为6.1m×2.44m×2.59m，内容积为5.85m×2.23m×2.15m，型号为20GP，铅封号为MSK3212，免费期限为10天，运载工具牌号为粤A4623，进出场目的为出口，于2014年11月10号出场，且集装箱完好。

根据本次货代的具体情况，填写集装箱设备交接单。

集　装　箱　公　司
CONTAINER COMPANY FOR CHINA SINOTRANS　　　IN
集装箱发放/设备交接单　　　进场
EQUIPMENT INTERCHANGE RECEIPT　　　No.

用箱人/运箱人(CONTAINER USER/HAULIER)		提箱地点(PLACE OF DELIVERY)	
来自地点(WHERE FROM)		返回/收箱地点(PLACE OF RETURN)	
船名/航次 (VESSEL/VOYAGE No.)	集装箱号 (CONTAINER No.)	尺寸/类型(SIZE/ TYPE)	营运人(CNTR. OPTR.)
提单号 (B/L No.)	铅封号 (SEAL No.)	免费期限 (FREE TIME PERIOD)	运载工具牌号 (TRUCK, WAGON, BARGE No.)
出场目的/状态（PPS OF GATE-OUT/STATUS）	进场目的/状态（PPS OF GATE-IN/STATUS）		进场日期（TIME-IN）
进场检查记录（INSPECTION AT THE TIME OF INTERCHANGE）			

续表

普通集装箱(GP CONTAINER)	冷藏集装箱(RF CONTAINER)	特种集装箱(SPECIAL CONTAINER)	发电机(GEN SET)
☐ 正常(SOUND) ☐ 异常(DEFECTIVE)	☐ 正常(SOUND) ☐ 异常(DEFECTIVE)	☐ 正常(SOUND) ☐ 异常(DEFECTIVE)	☐ 正常(SOUND) ☐ 异常(DEFECTIVE)

损坏记录及代号(DAMAGE & CODE)				
BR	D	M	DR	DL
破损 (BROKEN)	凹损 (DENT)	丢失 (MISSING)	污箱 (DIRTY)	危标 (DG LABEL)
左侧 (LEFT SIDE)	右侧 (RIGHT SIDE)	前部 (FRONT)	集装箱内部 (CONTAINER INSIDE)	
顶部(TOP)	底部(FLOOR BASE)	箱门(REAR)		
			如有异状,请注明程度及尺寸(REMARK)	

除列明者外,集装箱及集装箱设备交换时完好无损,铅封完整无误。
THE CONTAINER/ASSOCIATED EQUIPMENT INTERCHANGE IN SOUND CONDITION AND SEAL INTACT UNLESS OTHERWISE STATED

用箱人/运箱人签署　　　　　(CONTAINER USER/HAULIER'S SIGNATURE)
码头/堆场值班员签署　　　　(TERMINAL/DEPOT CLERK'S SIGNATURE)

集　装　箱　公　司
CONTAINER COMPANY FOR CHINA SINOTRANS OUT

集装箱发放/设备交接单　　　　出场
EQUIPMENT INTERCHANGE RECEIPT　　　　No.

用箱人/运箱人(CONTAINER USER/HAULIER)	提箱地点(PLACE OF DELIVERY)

发往地点(DELIVERED TO)	返回/收箱地点(PLACE OF RETURN)

船名/航次 (VESSEL/VOYAGE No.)	集装箱号 (CONTAINER No.)	尺寸/类型 (SIZE/TYPE)	营运人 (CNTR. OPTR.)

提单号(B/L No.)	铅封号 (SEAL No.)	免费期限 (FREE TIME PERIOD)	运载工具牌号 (TRUCK, WAGON, BARGE No.)

出场目的/状态(PPS OF GATE-OUT/STATUS)	进场目的/状态(PPS OF GATE-IN/STATUS)	出场日期(TIME-OUT)
出场检查记录(INSPECTION AT THE TIME OF INTERCHANGE)			
普通集装箱(GP CONTAINER)	冷藏集装箱(RF CONTAINER)	特种集装箱(SPECIAL CONTAINER)	发电机(GEN SET)
☐ 正常(SOUND) ☐ 异常(DEFECTIVE)	☐ 正常(SOUND) ☐ 异常(DEFECTIVE)	☐ 正常(SOUND) ☐ 异常(DEFECTIVE)	☐ 正常(SOUND) ☐ 异常(DEFECTIVE)
损坏记录及代号(DAMAGE & CODE)			
☐ BR 破 损 (BROKEN)	☐ D 凹损 (DENT)	☐ M 丢失 (MISSING)	☐ DR 污箱 (DIRTY)	☐ DL 危标 (DG LABEL)
左侧 (LEFT SIDE)	右侧 (RIGHT SIDE)	前部 (FRONT)	集装箱内部 (CONTAINER INSIDE)
顶部(TOP)	底部(FLOOR BASE)	箱门(REAR)	
如有异状,请注明程度及尺寸(REMARK)			

除列明者外,集装箱及集装箱设备交换时完好无损,铅封完整无误。
THE CONTAINER/ASSOCIATED EQUIPMENT INTERCHANGE IN SOUND CONDITION AND SEAL INTACT UNLESS OTHERWISE STATED
用箱人/运箱人签署　　　　　(CONTAINER USER/HAULIER'S SIGNATURE)
码头/堆场值班员签署　　　　(TERMINAL/DEPOT CLERK'S SIGNATURE)

任务 4　填写一份租箱合同。
根据 A 公司的具体情况,参照公司的相关规定,拟定一份租箱合同。

租箱合同

甲　方:
乙　方:
甲乙双方本着平等互利的原则,经协商一致,根据《中华人民共和国合同法》及其他有关法律、法规规定,就乙方租用甲方 12 米(40 英尺)框架箱事宜签订本合同,以资双方遵守。
一、租赁集装箱类型、规格:_____
二、租赁集装箱数量:_____(以实际提箱数量为准)。
三、租赁方式为灵活租用,各个集装箱的租赁期限分别按该箱的实际起租日计至退租日止,包括起租日和退租日。
四、租金和租金支付及押金条款
1.租金:_____　英尺租金为:_____元/每天。

2. 租金支付：租金每月支付一次，不满一个月按实际租赁天数计算，甲方应于每个月的_____日前向乙方提供上个月的账单。

3. 押金：_____。

五、租赁集装箱交付条款

1. 交接地：_____。

2. 箱　况：甲方须参照_____标准，保证提供完好适货的集装箱。

3. 上车费：由乙方直接跟甲方指定堆场结算。

六、用途：乙方租赁甲方集装箱应用于通常的合理的用途，不得用于从事任何非法活动，否则，因此而造成的一切损失和后果均由乙方承担全部责任。

七、集装箱在租赁期间的保养和维修

乙方在租用其内正常使用并妥善维护集装箱。如果集装箱在使用中发生故障，乙方应按集装箱的技术支持手册进行检查后，并予以维修。

八、租赁集装箱还箱条款

1. 还箱地点：_____。

2. 还箱时集装箱的质量问题

2.1 甲方应当提前_____个工作日通知乙方还箱堆场。乙方须安排集装箱退还至指定堆场。

2.2 退箱时由甲方按_____标准负责检验。若甲方发现集装箱损坏需要修理的，则修理费由乙方承担。但甲方在修理前应将估价单书面通知乙方，并允许乙方进行检验。如果乙方在收到通知之日起_____个工作日内未对估价单提出任何异议，则视为乙方同意修理。乙方应在甲方修理完毕之日起_____天内向甲方支付该修理费。

2.3 退租下车费：_____，由乙方在租金账单中与甲方结算。

3. 重置费：若集装箱在租赁期间丢失、损毁或甲方确定已不能修复时，乙方必须根据集装箱重置费向甲方赔偿损失。按照_____为准，乙方支付重置费后，相关集装箱所有权归乙方所有。

九、租赁集装箱的转租或转借

在租赁期间内，乙方未经甲方同意，不得擅自将集装箱转租或转借给第三人使用（乙方为营业需要供给客户使用除外），也不得变卖或抵押集装箱。

十、违约责任

未经甲方同意，乙方拖欠租金或擅自转租、变卖、抵押租赁集装箱，则甲方有权解除合同，如数收回全部集装箱。乙方应赔偿因此给甲方所造成的损失。

十一、争议解决

甲乙双方同意，将基于本协议产生的、或与本协议的生效、履行、终止有关的任何争议，由甲乙双方协商解决；协商不成，任何一方可以向对方所在地海事法院提起诉讼。

十二、本协议第二条所述_____个集装箱交接完毕后，相关箱号及交接时间作为本协议的附件，双方盖章后是本协议的有效组成部分。

十三、本合同未尽事宜，按《中华人民共和国合同法》的有关规定，经合同双方共同协商，作出补充规定，该补充规定与本合同具有同等法律效力。

十四、本合同自签订之日起即发生法律效力。本合同一式两份，双方各持一份，具有同等效力。

十五、随附箱号：＿＿＿＿＿＿＿＿＿＿＿＿＿＿＿＿＿。

甲方：   乙方：

签字：   签字：

  年   月   日   年   月   日

任务 5 选择航线，计算运费。

此次货运采用包箱费率，出口直达费率为 2,550USD/20ft，另有货币贬值附加费 10％，燃油附加费 5％，客户海运费佣金 5％，货币附加费 1％，订舱费 200 元，报关费 150 元，码头作业费 450 元，电放费 120 元，商检费 180 元。

计算深圳青青茶叶公司应付的运费，填写费用结算单。

费用结算单

客户名称   客户编号   开航日期
船名航次   提 单 号   目 的 港
发 票 号
业 务 员

费用项目	收款单位	应付金额
燃油附加税	USD	
码头作业费	RMB	
订舱费	RMB	
报关费	RMB	
商检费	RMB	
海运费	USD	
电放费	RMB	
客户海运费佣金	USD	
货币附加费	USD	

户　　名：   联 系 人：
开户行(RMB)：   联系方式：
开户行(USD)：   TEL.：
账　　号：   FAX：
人民币(RMB)：   制单日期：
美　元(USD)：

3. 实训考核

表 7-2　项目七实训考核表

小组成员			评分		
序号	考核标准	分值(分)	自评(20%)	小组(30%)	教师(50%)
1	租箱合同填写规范	10			
2	杂货班轮运输的相关单据填写规范,缮制正确	20			
3	海运集装箱整箱货出口业务熟练	20			
4	运费确定得当	20			
5	角色扮演到位,团队协作良好	30			
评价人签名					
综合得分					
评语					

签名

年　月　日

项目八　海运集装箱整箱货进口业务实训

实训目标

了解整箱货进口的相关理论知识；
掌握海运集装箱整箱货进口的流程；
正确填写进口业务的相关单据。

知识准备

1. 集装箱整箱进口业务流程

集装箱整箱进口业务流程如表 8-1 所示。

表 8-1　集装箱整箱进口业务流程

	进口商	货代公司	船舶代理人	承运人	理货与卸货公司	进口地海关、国税局	出口商
订舱	需要进口货物，签订货代合同	进口货运代理委托书 提出货物装运申请，办理卸货地订舱、报检、报关手续	进口订舱联系单	核对单证信息；编制装货清单			
装船		到货通知书 根据装货港资料制作交货记录联单		大副核实装货单，签发收货单 留存货运资料	监督装船工作，核实货物情况	集装箱设备交接单 集装箱装箱单	到指定堆场领取空箱并将其连同货物送至指定码头
卸船	凭单取货	领取提单，办理货物入库、进场 空箱运到指定堆场	结算费用，签发交货记录联单		监督装船工作，核实货物情况		
结算	结算	结算				根据装船仓单核发退税单	结算

在采用 FOB 贸易术语的时候，由买方负责运输的，由买方租船或者订舱，并将船名通知国外的发货人。其流程如下：

(1)进口商与货代公司建立货运代理关系。

(2)货代公司向船公司办理订舱业务,并及时通知出口商及理货与装货港代理人。

(3)船公司安排船舶抵达装运港,出口商将货物交给船公司,并在货物装船后取得有关运输单证。

(4)出口商与货代公司办理单证手续。

(5)货代掌握船舶动态,及时办理进口货物的单证及相关手续,收集、保管好有关单证。

(6)船抵卸货港卸货,货物入库、进场。

(7)货代公司办理货物进口报关手续。

(8)货代公司凭提单到现场提货。

(9)货代公司安排将货物交收货人,并办理空箱运回空箱堆场事宜。

2.相关单证

(1)进口订舱联系单。联系单中"货名"须以中英文 2 种文字填写货物全名,化工物品如使用商业名称,还必须填写化学名称;"重量(weight)"栏要填写该批货物的毛重(如有含水分的货,应注明"水量"),以便根据货物的重量准确安排。

尺码栏填该批货物的尺码合计数,计量单位一般为立方米。若系长大件的货物,须填长、宽、高,以便准确计算舱位和运费。

合同号栏:外贸专业公司进口成交的合同有统一的规范编号。

包装栏要列明货物包装形式和种类,如箱、桶、袋等,以便准确计算所需舱容。特殊货物如散油、冷藏货及鲜货、活货的订舱,应在进口订舱联系单上列明具体货运温度等要求。

装卸港按信用证和买卖合同载明的装运港、卸货港填写,重名港口应加注国名。

交货期应填具体装运时间,一般可根据信用证或买卖合同有关条款的规定填写。

买货条款应将买卖合同中涉及买货的有关条款,如价格术语及其变形、装运条件等详细内容列明。

发货人名称、地址按买卖合同的有关规定准确填写。

发货人电挂填写发货人的联系方式,订妥船名,预抵港期由外运公司填写。

按规定,有些事项须在备注栏中注明:危险品须注明其性质,我国《危险货物运输规则》编号、联合国"IMCO"的等级编号;贵重物品要标明货价;超长(9 米以上)、超重(3 吨以上)的货物应注明长度、重量;成套设备的大件和车辆,应提供每件的长、宽、高和尺码。

委托单位填写进口商的名称,一般由经办人签字并加盖收货人单位印章。

(2)"交货记录"联单。该单据一式五联,即到货通知书、提货单、费用账单(蓝色)、费用账单(红色)、交货记录。

各联的内容基本一致,收货人名称、地址、收货人开户银行和账户根据收货人的实际具体信息填写。船名、航次、起运港、目的地根据货物运输的船舶名称、航次、起迄港口填写。提单号应与提单内容一致,交付条款须根据实际情况填写 FOB/CIF/CFR,交付条款不一样,买卖双方的权重也不同。到付海运费根据交付条款确定海运费用。提货地点、到达日期、进库场日期须按照货物实际到达情况填写。如需港口中转,则第一程运输填写起运港和中转港的名称,直达则无须填写。标记与集装箱号、货名、集装箱数与件数、重量/kg、体积/m^3 须与装货单和提单相一致。

提货单需要加盖收货人章和海关章。

（3）集装箱发放/设备交接单。集装箱进口货运过程中也需要使用"设备交接单"。交接单号码按船公司或其代理人编制的号码填写，经办日期填制单日期。

用箱人一般为订舱的货运代理单位名称，提箱点填空箱存放地点，来自地点填写租箱公司名称，收箱点填出口装船的港口作业区。

船名、航次、提单号、货物发往地点须与提单相关项目一致。集装箱号指提取空箱箱号，尺寸类型可简写如 20/DC，营运人指集装箱经营人，如属船公司营运箱，则填船公司名称。

提单号填写提单号码，铅封号填写集装箱铅封上的号码。运载工具牌号指装运集装箱的车辆的牌号。出口货物使用的集装箱免费期限通常为 10 天，从提箱的日期开始计算，到集装箱所属的班轮航次的开航日截止。

出场目的/状态填写出口装箱，如集装箱没有问题，则填写完好。进场目的/状态填写进口装箱，如集装箱没有问题，则填写完好。出场日期填空箱提离堆场日期，进场日期填写重箱进入港口作业区日期。

3. 进口关税计算

（1）基本公式。进口关税税额＝完税价格×进口关税税率。

（2）在计算关税时应注意以下几点。

①进口税款缴纳形式为人民币。进口货物以外币计价成交的，由海关按照签发税款缴纳证之日国家外汇管理部门公布的人民币外汇牌价的买卖中间价折合人民币计价。人民币外汇牌价表未列入的外币，按国家外汇管理部门确定的汇率折合人民币计价。

②完税价格金额计算到元为止，元以下四舍五入。关税税额计算到分为止，分以下四舍五入。

③一票货物的关税税额在人民币 50 元以下的免税。

实训方法

根据所学知识，完成以下几个任务：

（1）正确填写报关委托书。

（2）缮制集装箱进口相关表单。

（3）正确计算进口货物关税。

实训项目

1. 情境资料

2013 年底，广州盛威国际货运代理公司业务员小李接到同辉酒行的电话，委托办理进口红酒的货代业务。红酒来自西班牙塔拉戈纳皇冠酒厂，其联系电话为 0034－977－2020856。同辉酒行随后将其商业发票发到了小李的公司邮箱，小李查看了邮箱后，开始着手为其办理相关业务。

商业发票

发票号：15641　　　　　　　　　　　　　　　日期：2013 年 10 月 30 日
箱单号：BCHD0604
公司名称和地址：同辉酒行
中国深圳市福田区彩田路 12 号
发货地：西班牙塔拉戈纳　　　　　　到货地：中国深圳
装货港：塔拉戈纳　　　　　　　　　卸货港：深圳
船名船号：UEKO/033W　　　　　　 装船日期：2013 年 11 月 17 日

唛头	描述	数量	单价(USD)	总价(USD)
VMAS9897702/20	维德庄园 安达雪利酒/Vader manor anda Sherry, 1998,750ml/kg	10×20'箱/120,000 件	625,000	6,250,000

Total FOB：6,250,000

2. 实训要求

根据所学知识,完成任务中的集装箱海运进口任务。

任务 1　制作代理报关委托书。

货代操作员小李接到同辉酒行工作人员邓米的口头报关委托后,需要发送报关委托书给客户填写。

请协助客户完成报关委托书的填写。

代理报关委托书

编号：

我单位_____现委托贵公司代理_____等通关事宜。详见《委托报关协议》。

我单位保证遵守《海关法》和国家有关法规,保证所提供的情况真实、完整,单货相符。否则,愿承担相关法律责任。

本委托书有效期自签字之日起至_____年_____月_____日止。

委托方(盖章)：

　　　　　　　　(代表人或其授权签署《代理报关委托书》的人签字)
　　　　　　　　　　　　　　　　　年　　　月　　　日

任务 2　填写进口订舱联系单。

同辉酒行与皇冠酒厂签订的合同号为 SW201359265,双方约定于 2014 年 1 月 3 日前交货,订舱联系单编号为 130571145。

请根据客户要求填写进口订舱联系单。

进口订舱联系单

编号:　　　　　　　　　　　　　　　　　　　　　　年　月　日

货名(英文)			
重　量		尺　码	
合同号		包　装	
装卸港		交货期	
装货条款			
发货人名称地址			
发货人电挂			
订妥船名		预抵港口	
备　注		委托单位	

①危险品须注明性能,重大物件注明每件重量及尺码。
②装货条款须详细注明。

任务 3 填写交货记录联单。

合同约定提货地点为卸货港,船舶实际达到时间是 2013 年 12 月 5 日,进库场日期为 12 月 6 日,船舶中间无须转运。红酒用 6 米(20 英尺)的集装箱装运,集装箱号为 CB-HU6580014,总重量 98.7 吨。

填写交货记录联单。

"交货记录"联单
第一联:到货通知书

_____ 地区、场、站

收货人/通知方 _____　　　　　　　　　　　　　　　年　月　日

您单位下列进口货物已抵港,请速凭正本提单并背书后来我公司办理提货手续。

收货人	名称:		
	地址:		
船名:	航次:	起运港:	目的地:
提单号:	交付条款:	到付海运费:	合同号:
提货地点:	到达日期:	进库场日期:	第一程运输:
标记与集装箱号	货　名	集装箱数与件数	重量/kg	体积/m³

交付收货人,特此通知。

第二联：提货单

_____ 地区、场、站

收货人/通知方 _____　　　　　　　　　　　　　年　　月　　日

收货人	名称：		
	地址：		
船名：	航次：	起运港：	目的地：
提单号：	交付条款：	到付海运费：	合同号：
提货地点：	到达日期：	进库场日期：	第一程运输：
标记与集装箱号/铅封号	货　名	集装箱数与件数	重量/kg	体积/m³
请核对放货　　　　　　　　　　　　　　　　　　　　　　　　　公司 _____ 凡属法定检验、检疫的进口商品，必须向相关监督机构申报。			
收货人章		海关章	

第五联：交货记录

　　　　　　　　　　　　　　　　　　　　　　　　　　　　　年　　月　　日

收货人	名称：	收货人开户：
	地址：	银行与账户：
船名：	航次：	起运港：	目的地：
提单号：	交付条款：	到付海运费：	合同号：

续表

提货地点:	到达日期:	进库场日期:	第一程运输:
标记与集装箱号/铅封号	货 名	集装箱数与件数	重量/kg	体积/m³
请核对放货 凡属法定检验、检疫的进口商品,必须向有关监督机构申报。			公司 _____	
收货人章		经办人:	核准人:	

任务 4 正确计算进口货物关税。

已知单位运费为 1.5 美元,保险费率为 0.25%。

已知海关填发税款缴款书之日的外汇牌价:

1 美元=6.2058 人民币元(买入价)

1 美元=6.2306 人民币元(卖出价)

计算进口该批红酒应缴纳的关税税款。

3. 实训考核

表 8-2 项目八实训考核表

小组成员			评分		
序号	考核标准	分值(分)	自评(20%)	小组(30%)	教师(50%)
1	报关委托书填制正确	20			
2	海运集装箱整箱货进口业务熟练	10			
3	集装箱进口相关表单填写规范,缮制正确	30			
4	进口货物关税计算正确	20			
5	小组成员无违规违纪现象,业务及单证处理无整体差错,协作能力好	20			
评价人签名					

续表

综合得分	
评语　　　　　　　　　　　　　　　　　　　　　　　　签名 　　　　　　　　　　　　　　　　　　　　　　　　年　月　日	

项目九　海运集装箱拼箱货出口业务实训

实训目标

了解集装箱拼箱出口的基本理论知识，掌握海运集装箱拼箱货出口的流程，正确填写出口业务的相关单据。

知识准备

1. 集装箱拼箱出口业务流程

集装箱拼箱出口业务流程如表 9-1 所示。

表 9-1　集装箱拼箱出口业务流程

①A、B、C 等不同货主（发货人）将不足一个集装箱的货物（LCL）交货代公司。
②货代公司将拼箱货物拼装成整箱后，向班轮公司办理整箱货物运输。
③整箱货装船后，班轮公司签发 B/L 或其他单据（如海运单）给货代公司。
④货代公司在货物装船后也签发自己的提单（house B/L）给每一个货主（发货人）。
⑤货代公司将货物装船及船舶预计抵达卸货港等信息告知其卸货港的机构（代理人）同时，还将班轮公司 B/L 及 house B/L 的复印件等单据交卸货港的机构（代理人），以便向班轮公司提货和向收货人交付货物。
⑥货主之间办理包括 house B/L 在内的有关单证的交接。
⑦货代公司在卸货港的代理人凭班轮公司的提单提取整箱货。
⑧A′、B′、C′等不同收货人凭 house B/L 在集装箱货物集散站（CFS）提取拼箱货。

2. 相关单证

（1）提单（house B/L）。托运人即与承运人签订运输契约，委托运输的货主，即发货人。收货人要按合同和信用证的规定来填写。一般记名式收货人在收货人一栏直接填写指定的公司或企业名称，不记名式收货人栏留空不填，或填"To Bearer"（交来人/持票人）。被通知人即收货人的代理人或提货人，要按信用证的规定填写，被通知人一定要有详细的名称和地址,供承运人或目的港及时通知其提货。

船名:由承运人配载的装货的船名,班轮运输多加注航次(Voy. No.)。装运港填实际装运货物的港名,要符合信用证 L/C 的规定和要求。如果 L/C 规定为"中国港口"(Chinese Port),此时不能照抄,而要按装运的我国某一港口实际名称填。L/C 项下提单卸货港一定要按 L/C 规定办理。

唛头:如果信用证有明确规定,则按信用证缮制;如果信用证没有规定,则按买卖双方的约定,或由卖方决定缮制,注意做到单单一致。包装与件数一般散装货物栏只填"In Bulk",大写件数栏可留空不填。单位件数与包装都要与实际货物相符,并在大写合计数内填写英文大写文字数目。

商品名称(描述):应按信用证规定填写并与发票等其他单据相一致。若信用证上货物的品名较多,则提单上允许使用类别总称来表示商品名称。毛重和体积除非信用证有特别规定,否则,提单上一般只填货物的总毛重和总体积,而不表明净重和单位体积。一般重量单位均以千克表示,体积单位用立方米表示。

运费支付信用证项下提单的运费支付情况,按其规定填写,一般根据成交的价格条件分为 2 种:若在 CIF 和 CFR 条件下,则注明"Freight Prepaid"或"Freight Paid";FOB 条件下则填"Freight Collect"或"Freight Payable at Destination"。租船契约提单有时要求填"Freight Payable as Per Charter Party"。有时信用证还要求注明运费的金额,按实际运费支付额填写即可。

签发地点与日期:提单的签发地点一般在货物运港所在地,日期则按信用证的装运期要求,一般要早于或与装运期为同一天。承运人签章必须由承运人或其代理人签字才能生效。提单签发的份数要按信用证的规定出具要求的份数。提单号码一般位于提单的右上角,是为便于工作联系和核查,承运人对发货人所发货物承运的编号。

(2)集装箱拼箱清单。拼箱点填写集装箱公司规定的拼箱地方,地址为拼箱点的具体位置。船名和航次依据信用证和商业发票的有关内容填写货物运输的实际船名和航次情况。集装箱号填写集装箱箱体两侧标示的全球唯一的集装箱编号,箱型一般为 20GP 或 40GP。

海运提单根据提单上规定的提单号填写,货物的件数、毛重、立方数、品名要与商业发票一致。

3. 拼箱货费用计算

总费用=海运费(价格×立方米)+拼箱费+报关费+文件费+拖车费+其他费用

其他费用包括超重附加费、超长附加费、燃油附加费、币值附加费、港口拥挤附加费、选港附加费等。

实训方法

根据所学知识,完成以下几个任务:

(1)缮制货代提单和集装箱拼箱清单。

(2)正确丈量货物尺寸并与货主核对。

(3)正确计算出口货物运费。

实训项目

1. 情境资料

2014年4月,广州盛威国际货运代理公司接到2票出口货物的到货通知,需要货物的出口操作和相关的海关手续。出口货物的合同有关内容规定如下。

美的冰箱与加拿大信家电商城按下列条款达成如下交易:

商品名称及规格 Commodity & Specification	数量 Quantity	单位 Unit	单价 Unit price	金额 Amount
美的冰箱 C258	200 件/2,830kg	26m³	620USD	124,000USD
总计 TOTAL:	200 件/2,830kg	26m³	620USD	124,000USD
(允许卖方在装货时溢装或短装0.2%,价格按照本合同所列的单价计算。) (The seller are allowed to load the quantity with 0.2% more or less, the price shall be calculated according to the unit price in this contract.)				

卖方:美的冰箱销售公司,地址:广东省广州市双塔路348号,电话:020-2-5108351。

买方:加拿大信家电商城,地址:加拿大温哥华靖州路21号,电话:001-416325。

提单号:W02467927。

鸿基彩电与加拿大捷运大酒店按下列条款达成如下交易:

商品名称及规格 Commodity & Specification	数量 Quantity	单位 Unit	单价 Unit price	金额 Amount
鸿基彩电 40 寸	100 件/2,830kg	10m³	800USD	800,000USD
总计 TOTAL:	100 件/2,830kg	10m³	800USD	800,000USD
(允许卖方在装货时溢装或短装0.8%,价格按照本合同所列的单价计算。) (The seller are allowed to load the quantity with 0.8% more or less, the price shall be calculated according to the unit price in this contract.)				

卖方:鸿基彩电生产公司,地址:广东省广州市南洲路348号,电话:020-25108351。

买方:加拿大捷运大酒店,地址:加拿大温哥华闽江路21号,电话:001-416325。

提单号:W02467928。

2. 实训要求

根据所学知识,完成任务中的集装箱海运进口任务。

任务1 缮制货代提单。

2批货物从广州港运往温哥华港,船名/航次为WJ421/25719。分别为两家公司制作提单。

SHIPPER 托运人		B/L No.
CONSIGNEE 收货人		COSCO 中国远洋运输(集团)总公司 CHINA OCEAN SHIPPING(GROUP)CO. ORIGINAL COMBINED TRANSPORT BILL OF LADING
NOTIFY PARTY 通知人		
PLACE OF RECEIPT 收货地	OCEAN VESSEL 船名	
VOYAGE No. 船名/航次	PORT OF LOADING 装运港	
PORT OF DISCHARGE 卸货港	PLACE OF DELIVERY 目的港	

CONTAINER/SEAL No. MARKS 唛头	Nos. & KINDS OF PKGS 包装与件数	DESCRIPTION OF GOODS 商品名称 G.W.(kg)	体积 MEAS.(m³)
TOTAL NUMBER OF CONTAINERS OR PACKAGES(IN WORDS)总件数			

FREIGHT & CHARGES 运费支付	REVENUE TONS 计费吨数	RATE 运费率	PER	PREPAID 预付地点	COLLECT 到付
PREPAID AT 预付地点	PAYABLE AT 到付地点	PLACE AND DATE OF ISSUE 签发地点与日期			
TOTAL PREPAID 总额预付	NUMBER OF ORIGINAL B(S)/L 正本提单份数				
LOADING ON BOARD THE VESSEL DATE		BY			

任务 2 缮制集装箱拼箱清单。

集装箱拼箱清单

拼箱点：　　　　　　　　　　　　　地　址：

船名/航次：　　　　　　　集装箱号：　　　　　　　箱型：

海运提单	件数	毛重	立方数	品名	备注
合　计					

兹向海关承诺本清单所列内容完全属实，并愿意承担相应法律责任。

　　　　　　　　　　　　　　　　　发货人或其代理人：　　　　（盖章）

　　　　　　　　　　　　　　　　　　　　年　　　月　　　日

任务 3 正确丈量货物尺寸并与货主核对。

发货人将货物送到货运站,接货员要开始进行涨缩尺证实。

逐件丈量货物尺码,做好记录。

基线货运站

TO:_____

现有下列货物尺码、重量、件数及残损与单据不符,烦请贵公司尽快确认。如无异议,我公司将按以下丈量后的尺码、重量、件数制单收费。

航名及航次:　　　　　　　　　　提单号:
单据件数:　　　　　　　　　　　实货件数:
单据尺码:　　　　　　　　　　　实货尺码:
单据重量:　　　　　　　　　　　实货重量:
唛　　头:　　　　　　　　　　　残损情况:
送货单位:　　　　　　　　　　　打尺人签名:

特此证实。

姓名:　　　　　　　　　　　　　电话:

任务 4 正确计算出口货物运费。

货物的海运费:海运费 980 元/m³,拼箱费 40 元/m³,报关费 320 元/票,文件费 300 元/票,拖车费 20 元/t,燃油附加费 110 元/票。

分别计算两批货物的出口运费。

3.实训考核

表 9-2 项目九实训考核表

小组成员			评分		
序号	考核标准	分值(分)	自评(20%)	小组(30%)	教师(50%)
1	货代提单填写规范,缮制正确	30			
2	集装箱拼箱清单填制正确	10			
3	海运集装箱拼箱货出口业务熟练	20			
4	正确丈量货物尺码,并做好记录与货主核对	20			
5	出口货物运费确定得当	20			
评价人签名					
综合得分					
评语				签名 年　月　日	

项目十　航空出港货物货运代理业务实训

实训目标

了解航空出港货运代理的基本理论知识，掌握出港货运的流程，正确填写出港货运代理业务的相关单据。

知识准备

1. 航空货物出港的业务流程

航空货物出港业务流程如表 10-1 所示。

表 10-1　航空货物出港业务流程

```
        ┌──────────────┐
        │   货币订舱   │
        └──────┬───────┘
               │
        ┌──────▼───────┐
        │ 出港货物进港 │
        └──────┬───────┘
       ┌───────┴────────┐
┌──────▼──────┐  ┌──────▼──────┐
│交接航空货运单│  │货物验收与仓储│
└──────┬──────┘  └──────┬──────┘
       └───────┬────────┘
        ┌──────▼───────┐
        │ 核对预告舱单 │
        └──────┬───────┘
        ┌──────▼───────┐
        │   货物装运   │
        └──────┬───────┘
        ┌──────▼───────┐
        │   调整舱单   │
        └──────┬───────┘
        ┌──────▼───────┐
        │ 确认最终舱单 │
        └──────┬───────┘
        ┌──────▼───────┐
        │ 离港后续处理 │
        └──────────────┘
```

2. 相关单证

(1) 出口货物报关单。

出口口岸：填写海关放行货物出境的我国国境口岸名称。

经营单位：填写对外签订或执行出口贸易合同（协议）的中国境内企业或单位的名称。

指运港（站）：填写本批货物预订最后运达港口、机场或车站。

合同（协议号）：填写本批货物合同协议的详细年份、字头和编号及附件号码。

贸易方式：分别填写"一般贸易"，"国家间、联合国及国际组织无偿援助物资和赠送品"，"货侨、港澳同胞及外籍华人捐赠品"，"补偿贸易"，"来料加工装配贸易"（对口合同除外），"对口合同的来料加工装配贸易"，"进料加工贸易"，"寄售、供销贸易"，"边境地方贸易及边境地区小额贸易"，或"其他"。贸易方式不能简略填报为"援助"、"赠送"、或"加工装配"等。

贸易国(地区):货物的售予国(地区),填写同中国境内的企业和单位签订合同(协议)的国家或成交厂商所在地的国家(地区)。

消费国(地区):填写出口货物实际消费的国家(地区)。如果不能确定消费国的,以尽可能预知的最后运往地作为消费国。如果一张报关单的货物有不同的消费国,应当分别注明。

收货单位:填写国外最后收货的企业的名称和所在地。

运输工具名称及号码:江海运输填船名,陆运填车号,空运、邮运只填"空运"或"邮运"字样。

装货单或运单号:海运填装货单号,陆运填运单号,邮运填报税清单(包裹单)号。

收结汇方式:填写电汇、信汇、L/C,或 D/P 等结汇方式。

起运地点:填写出口货物的起运点和出口货物发货单位所在地区。例如:货物从河北保定起运到天津新港装船出口,起运地点应为河北省。但是经济特区、海南行政区、经济技术开发区、经济开放区的企业对外成交及发运的出口货物,不论货物原发运单位是何处,均以有关经济特区、海南行政区、经济技术开发区、经济开放区为起运地点。至于其他省、自治区、直辖市的企业或单位对外成交发运的出口货物,如果经过或者去经济特区、海南行政区、经济技术开发区、经济开放区暂存待运出口的,则以原省、自治区、直辖市为出口货物的起运地。

海关统计商品编号:按照《中华人民共和国海关统计商品目录》的规定填写。

货名规格及货号:应填写货物的中外文名称和详细规格。货号填公司编制的商品代号。

标记唛码:填写货物的实际标记唛码,如有地点名称的,也应该填写。

件数及包装种类:包装种类指袋、箱、捆、包、桶等。一批货物有多种包装的,要分别填报件数。数量:填写货物的实际数量和数量单位(如台、个、打等)。如合同规定的数量单位同海关统计商品目录规定的计量单位不同,或者统计商品规定有第二数量单位的(如发电机除台数外,还需填千瓦数;内燃机除台数外,还需填马力),都要按照海关统计商品目录规定的数量单位填写。整套机械分批出口时,应在本栏注明"分批装运"字样。

重量:"毛重"填写本批货物全部重量,"净重"填写扣除外层包装后的自然净重。合同发票等单据上没有净重时,可以按照商品习惯填写公量重、净重等,也可以将毛重扣除估计外层重最后填报。对于不同品种的货物,应当分别填明净重。

成交价格:填写合同规定的成交单价、总价格条件(如 CIF、FOB 等),并注明外币名称。如果价格条件为 CIF、C&F,或包括佣金、折扣时,在计算成交总价时应分别扣除运费、保险费和佣金、折扣等费用,并填明 FOB 成交总价。

离岸价格:应按照国家外汇管理部门核定的各种货币对美元内部统一折算率,将第十九项的 FOB 成交总价折合为美元填报在外币栏。离岸价格人民币免填。邮运、空运出口货物,采用货物在起运地寄交的离岸价格。美元离岸价格计至元为止,元以下四舍五入。

随附单据:填写单据的名称。

申报单位(盖章):必须加盖申报单位的公章、报关员的印章并填明申报日期。

海关放行日期:由出口地海关在核放货物后填注日期,并加盖海关放行章。出口货物报关单应当在出口货物装货前 24 小时前向海关填报。如果在递交了出口货物报关单后发生退关性事,申报人应当在 3 天内向海关办理更改手续。

(2)国际货物托运单。

托运人:填写全称、街名、城市名称、国家名称及便于联系的电话号码和传真号码。

收货人:填写全称、街名、城市名称、国家名称,以及便于联系的电话号码和传真号码,不得填写"to order"或"to order of the shipper"。

始发站机场:填写始发站机场的全称,目的地机场填写机场名称或三字代码。

要求的路线/申请订舱:用于航空公司安排运输路线时使用,如果托运人有特别要求,也可填入本栏。

供运输用的声明价值:填写托运人向海关申报的货物价值,如不办理此项声明价值,则必须打上"NCV"字样。

保险金额可以不填。处理事项填列附加的处理要求。

货运单所附文件填随附在货运单上运往目的地的文件的名称。

件数和包装方式填该批货物的总件数,并注明其包装方式,如包裹、纸板盒、盒、板条箱、袋、卷,如货物没有包装,填写散货。实际毛重应由承运人或其代理人在称重后填入。运价类别填所使用的运价、协议价、杂费、服务费。计费重量由承运人或其代理人量过货物的体积计算计费重量后填入。费率可不填。货物的品名及数量栏填写货物的品名和数量,应与出口报关发票、进出口许可证内容一致。若一票货物包括多种物品,货物中的每一项须分开填写,并尽量填写详细。危险品应填写适用的准确名称及标贴的级别。

托运人签字要求托运人必须在本栏填写。日期填写托运人或其代理人的交货日期。

(3)装箱单。

出单方:填写出单人的名称与地址,应与发票的出单方相同。在信用证支付方式下,此栏应与信用证受益人的名称和地址一致。

受单方:填写受单方的名称与地址,与发票的受单方相同。多数情况下填写进口商的名称和地址,并与信用证开证申请人的名称和地址保持一致。在某些情况下也可不填,或填写"To whom it may concern"(致有关人)。

发票号与发票号码一致。日期填写装箱单缮制日期,应与发票日期一致,不能迟于信用证的有效期及提单日期。

唛头及件数编号与发票一致,有的注实际唛头,有时也可以只注"as per invoice No.×××"。包装种类和件数、货物描述要求与发票一致。货名如有总称,应先注总称,然后逐项列明每一包装件的货名、规格、品种等内容。外包装件数填写每种货物的包装件数及单位,最后在合计栏处注外包装总件数及单位。在 Simtrade 中,如交易 2 种或 2 种以上销售单位不同的商品时,合计栏里单位统一表示为"PACKAGE"。

毛重注明每种商品的总毛重及重量单位,最后在合计栏处把所有交易商品的毛重累加;信用证或合同未要求,不注亦可,如 2,588.36 kg。在 SimTrade 中,本栏须分别填入数值与单位。净重注明每种商品的总净重及重量单位,最后在合计栏处把所有交易商品的净重累加。信用证或合同未要求,不注亦可。如 760 kg。在 SimTrade 中,本栏须分别填入数值与单位。

箱外尺寸注明每种商品的总体积及体积单位,最后在合计栏处把所有交易商品的体积累加;信用证或合同未要求,不注亦可,如 1,623.548 CBM。在 SimTrade 中,本栏须分别填入数值与单位。

SAY TOTAL 以大写文字写明总包装数量,必须与数字表示的包装数量一致。如 FOUR THOUSAND FOUR HUNDRED CARTONS ONLY。签名由出口公司的法人代表或者经办制单人员代表公司在装箱单右下方签名,上方空白栏填写公司英文名称,下方则填写公司法人英文名称。

(4)航空运单。航空运单号应清楚地印在货运单的左右上角以及右下角,由航空公司编制。始发站机场填写始发站机场的 IATA 三字代号。

货运单所属承运人的名称和地址,此处一般印有航空公司的标志、名称和地址。正本连说明无须填写。契约条件一般无须填写。

托运人栏填写托运人姓名、地址、国家以及托运人的电话号码、传真号码。托运人账号无须填写。

收货人栏填写收货人姓名、地址、国家以及托运人的电话号码、传真号码。收货人账号无须填写。

开货运单的承运人的代理人栏:名称和城市填写向承运人收取佣金的国际航协代理人的名称和所在机场或城市。国际航协代号,若代理人在非货账结算区,打印国际航协 7 位数字代号,如 14—50188;若代理人在货账结算区,打印国际航协 7 位数字代号,后面是 3 位 CASS 地址代号,以及一个冠以 10 位的 7 位数字代号检验位,如 34—15741/2058。账号一般不填写。

运输路线:始发站机场填写始发站机场或所在城市全称。至(第一承运人)填写目的站机场或第一个转运点的 IATA 三字代号,由(第一承运人)填写第一承运人的名称,至(第二承运人)填写目的站机场或第二个转运点的 IATA 三字代号,由(第二承运人)填写第二承运人的 IATA 两字代号,至(第三承运人)填写目的地机场或第三个转运点的 IATA 三字代号,由(第三承运人)填写第三承运人的 IATA 两字代号。目的地机场填写最后承运人的目的地机场全称。航班/日期一般不需填写。

财务说明填写有关财务的说明事项,如运费预付、到付或发货人使用信用卡结算及其他必要的情况。

货币填写始发国的 ISO 的货币代号,除目的站"国家收费栏"内的款项货运单上所列明的金额均按上述货币支付。

运费代号一般不需填写。航空运费和声明的价值附加费的预付和到付。

供运输用声明价值填写托运人向货物运输声明的价值金额。供海关用声明价值填写货物及通过时所需的商业价值金额。

保险的金额:如果承运人向托运人提供代办货物保险业务时,此栏填写托运人货物投保金额;如承运人不提供此项服务或托运人不要求投保时此栏内必须填写"×××"符号。

运输处理注意事项处填制相应的代码票航空公司注意事项。

货物运价细目:一票货物中如含有两种以上不同运价类别计费的货物应分别填写,每填写一项另起一行,如含有危险品,则该危险品货物应列在第一项。

3. 运费计算

总空运费=(空运费+燃油费+战险费)×货物计费千克数。

燃油附加费以及战争险(以航空公司收费为准,一般情况下分别为 4.5 元/千克、1.2

元/千克);货站地面处理费(由厦门航空公司、南方航空公司还有亚洲航空公司承运的货物不收取此项费用,其他的为0.5元/千克),以及可能因货物不同而产生的其他杂费。

实训方法

根据所学知识,完成以下几个任务:
(1)完成航空出港货运代理报关手续。
(2)缮制航空出港货运代理的托运单。
(3)正确计算出口货物运费。

实训项目

1.情境资料

北京珠宝生产商需要出口1500件玉石(50箱)到纽约玉石销售公司,约定于2014年8月20日由北京首都国际机场(PEK)运往纽约肯尼迪国际机场(JFK),没有供运输使用的声明价值,托运人也没有办理货物运输保险。双方以FOB价格成交,本票货物运费预付,一般贸易,信用证结汇。货物毛重360kg,净重344kg,计费重量400kg,唛头为14-08-217/NEW YORK.USA/CNT.1-150/MADE IN CHINA。

2.实训要求

根据所学知识,完成任务中的航空出港货运代理任务。

任务1 完成航空出港货运代理报关手续。

该批货物的许可证号为01040060,批准文号为964113521,合同协议号14-08-217,集装箱号WESU766955/20/3350。根据客户信息,缮制出口货物报关单。

国际货物托运书
SHIPPER'S LETTER OF INSTRUCTION

托运人姓名及地址 Shipper's Name and Address	托运人账号 Shipper's Account Number	航空公司	
收货人姓名及地址 Consignee's Neme and Address	收货人账号 Consignee's Account Number	托运人签字 AGENT 日期 DATE	
另请通知 ALSO NOTIFY			
始发站 Airport of Departure	到达站 Airport of Destination	声明价值 Declared Value	
要求运输路线 Requested routing		供 运 输 用 FOR CARRIAGE	供 海 关 用 FOR CUSTOMS
要求预订吨位 Requested booking			

续表

件数 NO. OF PACKAGES	毛重(KG) GROSS WEIGHT	运价类别 RATE CLASS	收费重量 CHARGEABLE WEIGHT	费率 RATE CHARGE	货物品名及数量（包括体积及尺寸） Nature and Quantity of Goods (Incl. Dimension or Volume)

航空货运费用(用一种方法表示) AIR FREIGHT CHARGES (MAKE ONE TO APPLY)		始发地其他费用(用一种方法表示) OTHER CHARGES AT ORIGIN (MAKE ONE TO APPLY)		随付文件 DOCUMENTS ACCOMPA-NY TO AIR WAYBILL
预付 PREPAID	到付 COLLECT	预付 PREPAID	到付 COLLECT	
经费 CHARGES				处理情况及备注 HANDLING INFORMATION AND REMARKS
				经办人 AGENT 日期 DATE

任务 2 缮制航空出港货运代理的托运单。

托运人账号为 6032100000457012，收货人账号为 60138215000023154。根据客户要求，缮制出口货物托运单。

任务 3 正确计算出口货物运费。

航空公司收取 55 元货运单费，该批货物按普通货物计收运费，对应的运价为 CNY75.00/kg，单证费 100 元/票。计算航空出口该批货物的运费。

3. 实训考核

表 10-2 项目十实训考核表

小组成员			评分		
序号	考核标准	分值(分)	自评(20%)	小组(30%)	教师(50%)
1	货代提单填写规范，缮制正确	30			
2	集装箱拼箱清单填制正确	10			

续表

3	海运集装箱拼箱货出口业务熟练	20			
4	正确丈量货物尺码,并做好记录与货主核对	20			
5	出口货物运费确定得当	20			
评价人签名					
综合得分					
评语					

签名

年　月　日

项目十一 航空进港货物货运代理业务实训

实训目标

了解航空进港货运代理的基本理论知识；
掌握出港货运的流程；
正确填写出港货运代理业务的相关单据。

知识准备

1. 航空货物进港的业务流程

航空货物进港的业务流程如表 11-1 所示。

表 11-1　航空货物进港的业务流程

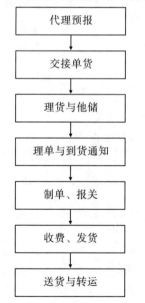

2. 相关单证

（1）订舱预报单。

运单号：填写进口货物提单或运单的编号。

件数填报有外包装的进口货物的实际件数。特殊情况下的填报要求如下：舱单件数为集装箱（TEU）的，填报集装箱个数；舱单件数为托盘的，填报托盘数。本栏目不得填报为"0"，裸装货物填报为"1"。

重量指货物及其包装材料的重量之和，计量单位为千克，不足 1 千克的填报为"1"。
体积填写货物及其包装材料的总体积，计量单位为立方米。

目的港填写货物实际到达的港口,须与合同和信用证一致。

预订航班日期根据货物运输的时间要求填写预订的时间。

(2)进口货物报关单。

预录入编号:指申报单位或预录入单位对该单位填制录入的报关单的编号,海关编号指海关接受申报时给予报关单的编号。海关编号由各海关在接受申报环节确定,应标识在报关单的每一联上。报关单海关编号为9位数码,其中前两位为分关(办事处)编号,第三位由各关自定义,后六位为顺序编号。

进口口岸/出口口岸:指货物实际进(出)我国关境口岸海关的名称。

备案号:长度为12位,其中第1位是标记代码,指进出口企业在海关办理加工贸易合同备案或征减、免、税审批备案等手续时,海关给予《进料加工登记手册》、《来料加工及中小型补偿贸易登记手册》、《外商投资企业履行产品出口合同进口料件及加工出口成品登记手册》、《进出口货物征免税证明》,或其他有关备案审批文件的编号。无备案审批文件的报关单,本栏目免予填报。

申报日期:指海关接受进(出)口货物的收/发货人,或其代理人申请办理货物进(出)口手续的日期。

经营单位:填写经营单位名称及经营单位编码。经营单位编码为10位数字,指进出口企业在所在地主管海关办理注册登记手续时,海关给企业设置的注册登记编码。

运输工具名称:填写航空运输填报航班号+进出境日期+"/"+总运单号。

提运单号:指进出口货物提单或运单的编号。

收货单位/发货单位:填报收货单位/发货单位的中文名称,或其海关注册编码。

贸易方式(监管方式):应根据实际情况,并按海关规定的《贸易方式代码表》选择填报相应的贸易方式简称或代码。

征免性质:按照海关核发的《征免税证明》中批注的征免性质填报,或根据实际情况按海关规定的《征免性质代码表》选择填报相应的征免性质简称或代码。

征免比例/结汇方式征免比例:仅用于"非对口合同进料加工"贸易方式下(代码"0715")进口料、件的进口报关单,填报海关规定的实际应征税比率,如5%填"5"。

出口报关单应填报结汇方式,即出口货物的发货人或其代理人收结外汇的方式。本栏目应按海关规定的《结汇方式代码表》选择填报相应的结汇方式名称或代码。

许可证号应申领进(出)口许可证的货物,必须在此栏目填报外经贸部及其授权发证机关签发的进(出)口货物许可证的编号,不得为空。

起运国(地区)指进口货物起始发出的国家(地区)。运抵国(地区)指出口货物直接运抵的国家(地区)。对发生运输中转的货物,如中转地未发生任何商业性交易,则起、抵地不变,如中转地发生商业性交易,则以中转地作为起运/运抵国(地区)填报。

装货港指进出口货物在运抵我国关境前的最后一个境外装运港。指运港指出口货物运往境外的最终目的港,最终目的港是不可预知的,可按尽可能预知的目的港填报。

境内目的地/境内货源地:境内目的地指已知的进口货物在国内的消费、使用地或最终运抵地。境内货源地指出口货物在国内的产地或原始发货地。

批准文号填报《进口付汇核销单》编号。成交方式栏目应根据实际成交价格条款按海关规定的《成交方式代码表》选择填报相应的成交方式代码。

运费栏用于成交价格中不包含运费的进口货物或成交价格中含有运费的出口货物，应填报该份报关单所含全部货物的国际运输费用。运保费合并计算的，运保费填报在本栏目。运费标记"1"表示运费率，"2"表示每吨货物的运费单价，"3"表示运费总价。例如：5％的运费率填报为"5"；24 美元的运费单价填报为"502/24/2"。

保费填报该份报关单所含全部货物国际运输的保险费用。保险费标记"1"表示保险费率，"3"表示保险费总价。例如：3‰的保险费率填报为"0.3"；10,000 港元保险费总价填报为"110/10,000/3"。杂费指成交价格以外的、应计入完税价格或应从完税价格中扣除的费用，如手续费、佣金、回扣等。

合同协议号栏应填报进（出）口货物合同（协议）的全部字头和号码。件数栏应填报有外包装的进（出）口货物的实际件数。特殊情况下填报要求如下：舱单件数为集装箱（TEU）的，填报集装箱个数；舱单件数为托盘的，填报托盘数。本栏目填报不得为"0"，裸装货物填报为"1"。包装种类应根据进（出）口货物的实际外包装种类。毛重（千克）指货物及其包装材料的重量之和，净重（千克）指货物的毛重减去外包装材料后的重量，即商品本身的实际重量，两者的计量单位为千克，不足 1 千克的填报为"1"。

集装箱号是在每个集装箱箱体两侧标示的全球唯一的编号。集装箱数量四舍五入填报整数，非集装箱货物填报为"0"。

随附单据指随进（出）口货物报关单一并向海关递交的单证或文件，合同、发票、装箱单、许可证等的必备的随附单证不在本栏目填报。生产厂家指出口货物的境内生产企业。

商品编号指按海关规定的商品分类编码规则确定的进（出）口货物的商品编号。商品名称及规格型号应据实填报，并与所提供的商业发票相符。数量及单位指进（出）口商品的实际数量及计量单位。

原产国（地区）指进出口货物的生产、开采或加工制造国家（地区）。单价应填报同一项号下进（出）口货物实际成交的商品单位价格。总价应填报同一项号下进（出）口货物实际成交的商品总价。无实际成交价格的，本栏目填报货值。币制指进（出）口货物实际成交价格的币种或代码。

征免指海关对进（出）口货物进行征税、减税、免税或特案处理的实际操作方式。税费征收情况，本栏目供海关批注进（出）口货物税费征收及减免情况。

申报单位指报关单左下方用于填报申报单位有关情况的总栏目。填制日期指报关单的填制日期。海关审单批注指供海关内部作业时签注的总栏目，由海关关员手工填写在预录入报关单上。其中"放行"栏填写海关对接受申报的进出口货物作出放行决定的日期。

3. 运费计算

国际货物的计费重量以 0.5 千克为最小单位，重量位数不足 0.5 千克的按 0.5 千克计算，0.5 千克以上不足 1 千克的，按 1 千克计算。

计算货物体积时，均应以最长、最宽、最高的三边的厘米长度计算，长、宽、高的小数部分按四舍五入取整，体积重量的折算标准为每 6,000 立方厘米折合 1 千克。

体积重量（千克）＝货物体积/6,000。

实训方法

根据所学知识,完成以下几个任务:
(1)完成航空进港货运代理订舱手续。
(2)缮制航空进港货运代理报关单。
(3)正确计算进口货物运费。

实训项目

1.情境资料

上海交通大学需要从瑞士卢森堡鑫旭进出口贸易公司进口100件科教用品(CNC影像测量仪)用做实验室设备,约定于2015年1月12日由瑞士卢森堡国际机场运往上海虹桥机场,没有供运输使用的声明价值,托运人也没有办理货物运输保险。双方以CIF价格成交,本票货物运费预付,一般运输,信用证结汇。货物毛重210kg,净重198kg,计费重量230kg,设备尺寸为760cm×600cm×900cm,设备单价3,660元。

2.实训要求

根据所学知识,完成任务中的航空进港货运代理任务。

任务1 完成航空进港货运代理订舱手续。

该批货物的运单号为150127049。根据客户信息,缮制进口货物订舱预报单。

任务2 缮制航空进港货运代理报关单。

该批货物的预录入编号为10305944,海关编号为4712200711127010807,备案号为Z47087C00890,提货单号为9903248102,合同协议书编号为14HGX/8471016,申报日期为2015年1月3日。

根据客户信息,缮制进口货物报关单。

进口货物报关单
中华人民共和国海关进口货物报关单

预录入编号:　　　　　　海关编号:

进口口岸	备案号	进口日期		申报日期	
经营单位	运输方式	运输工具名称		提货单号	
收货单位	贸易方式	征免性质		征税比例	
许可证号	起运国(地区)	装货港		境内目的地	
批准文号	成交方式	运费	保费	杂费	
合同协议书	件数	包装种类		毛重(千克)	
集装箱号	随附单据	用途			
标记唛码及备注					
项号	商品编号	商品名称、规格型号	数量及单位	原产国(地区) 单价 总价 币制 征免	
税费征收情况					

续表

录入员　　录入单位 兹声明以上申报无讹并承担法律责任 报关员 　　　　　　　　　申报单位(签章)(单位盖章) 单位地址 邮编：　　　电话：　　　填制日期：	海关审单批注及放行日期(签章) 　　　　　　　　　(海关验讫章) 审单　　　　　　　审价 征税　　　　　　　统计 查验　　　　　　　放行 签发关员： 签发日期：

任务3 计算进口货物的航空运费。

从瑞士卢森堡运至上海，运价每千克人民币 33.26 元(100 千克起算)。计算航空进口该批设备所需运费。

3. 实训考核

表 11-2　项目十一实训考核表

小组成员		评分			
序号	考核标准	分值(分)	自评(20%)	小组(30%)	教师(50%)
1	航空进港货运代理订舱手续完成无纰漏	20			
2	航空进港货运代理报关单填写规范，缮制正确	30			
3	进口货物运费确定得当	20			
4	小组成员无违规违纪现象，航空进港货物货运代理业务处理无整体差错，协作能力好	30			
评价人签名					
综合得分					
评语					

签　名
年　月　日

项目十二 国际货运事故处理实训

> **实训目标**

了解国际货运事故的种类和原因；
熟悉国际货运代理的风险防范事项；
掌握国际货运事故的具体处理过程。

> **知识准备**

1. 货运事故种类

货运事故种类见表12-1。

表 12-1 货运事故种类

事故种类			主要原因
货差			标志不清、误装、误卸、理货错误等
货损	全部损失		船只沉没、搁浅、触礁、火灾、爆炸、失踪、偷窃、政府行为、海盗、战争、拘留、货物被扣等
	部分损失	灭失	偷窃、抛海、遗失、落海等
		内容短缺	包装不良、破损、泄漏、蒸发
		淡水水湿	雨雪中装卸货物、消防救火过程中的水湿、舱内管系泄漏等
		海水水湿	海上风浪、船体破损、压载舱漏水
		汗湿	通风不良、衬垫、隔离不当、积载不当等
		污染	不适当的混载，衬垫、隔离不充分等
		虫蛀、鼠咬	驱虫、灭鼠不充分，舱内清扫、消毒不充分等；对货物检查不严致虫、鼠被带入舱内等
		锈蚀	潮湿、海水浸湿、不适当的混载等
		腐烂、变质	易腐货物未按要求积载的位置装载，未按要求控制舱内湿度、温度过高、换气通风不充分、冷藏装置故障等
		混票	标志不清、隔离不充分，积载不当
		焦损	自燃、火灾、漏电等
		烧损	湿度过高、换气通风过度、货物本身的性质等

2. 货运事故责任划分

(1)承运人责任。货物在承运人监管过程中发生的货损事故，除由于上述托运人的原因和不可抗力的原因外,原则上都由承运人承当责任。承运人的责任期间是指承运人对货物应负责的期间。承运人在这段期间内,由于他不能免责使货物受到灭失或者损坏,应当负赔偿责任。

在国际海上货物运输中,如果航次租船合同订立了 FIOST 条款时,托运人负责装卸港的装卸货操作,包括装卸工人的雇佣,因此,承运人的责任仅限于货物在船舶积载阶段。在海上集装箱货物运输中,如果约定在 CFS 交付货物,则在拼箱作业过程中,或拆箱过程中出现货损也应由承运人负责。货物在船运阶段,承运人既有保证船舶适航的义务,又有对货物给予充分保管的义务。承运人及其雇佣人员在货物的接受、装船、积载、运送、保管、卸船、交付等环节中,对因其疏忽而造成的货损、灭失等,负有损害赔偿责任。

承运人或者代其签发提单或者运单的人,知道或者有合理的根据怀疑提单或者运单记载的货物品名、标志、包数或者件数、重量或者体积与实际接收的货物不符,在签发已装船提单的情况下怀疑与已装船的货物不符,或者没有适当的方法核对提单或者运单记载的,可以在提单或者运单上批注,说明不符之处、怀疑的根据或者说明无法核对。对于承运人在提单或者运单做出保留的单证,承运人可以在做出保留批注的范围内对收货人免除责任。承运人或者代其签发提单或者运单的人未在单证上批注货物表面状况的,表示货物的表面状况良好。在提单或者运单上未做保留的情况下,承运人须向收货人交付与单证记载相符的、表面状况良好的货物,否则,承运人应承担赔偿责任。

(2)托运人责任。不论是海上货物运输、航空货物运输,还是公路或者铁路货物运输;不论是单一运输方式的货物运输,还是货物多式联运的组织方式。托运人根据运输合同将货物交付承运人或者多式联运经营人之前所发生的一切货损、货差均由托运人自己负责。例如:在海上货物运输中,尽管货物运抵港口,当租船合同使用了 FIOST 类似条款时,在货物没有交付给承担人以前,在港期间发生的货物灭失或者损坏,由托运人承担损失;此时还可能包括装货所造成的货物损坏或灭失。在集装箱货物运输情况下,拼箱货交至 CFS 前,或整箱货交至 CY 前,所发生的货物损坏或者灭失,也属于托运人的责任。

当货物交付承运人,货物处于承运人监管下时,并不是说托运人就能百分之百地免除对货损发生的责任。例如:由于货物的包装不坚固、标志不清,或由于托运人隐瞒货物种类或者其特性,或潜在缺陷造成货损时,则由托运人负责。在航次租船合同订立 FIOST 条款的情况下,如果由于积载不当或绑扎不牢,从而造成货损,则根据租船合同的规定可能由托运人负责。

(3)责任判断。货物运输事故可能发生在货物运输过程中任何环节。发现货损、货差,则往往在最终目的地收货时或者收货后。当然,在运输途中发生的货损事故,也可能会被及时发现。货运事故发生后,第一发现人有具体报告的责任。如在船舶运输途中发生货运事故,船长有责任发表海事声明(note of sea protest)。当收货人提货时,发现了所提取的货物数量不足,或货物外表状况,或其品质与提单上记载的情况,或贸易合同的记载不符,则应根据提单条款的规定,将货损或货差的事实,以书面的形式通知承运人在卸货港的代理人,即使货损、货差不明显,也必须在提货后的规定时间内,向承运人或其代理人报事情况,作为以后索理赔的依据。

无论索理赔工作日后如何进行,记录和保留有关事故的原始记录十分重要。提单、运单、收货单、过驳清单、卸货报告、货物溢短单、货物残损单、装箱单、积载图等货运单证均是货损事故处理和明确责任方的依据。货物单证上的批注是区分或确定货运事故责任的原始依据。单证上的批注既可证明承运人对货物的负责程度,也直接影响着货主的利益,如能否持提单结汇、能否提出索赔等。各方关系人为了保护自己的利益和划清责任,均应妥善保管这些书面文件。对于已经发生的货运事故,如果收货人与承运人不能对事故的性质和损坏程度取得一致意见时,则应在彼此同意的条件下,双方共同指定检验人对所有应检验的项目进行检验,检验人签发的检验报告是日后确定货损责任的重要依据。

3. 货运事故处理程序

货运事故处理程序如表 12-2 所示。

表 12-2 货运事故处理程序

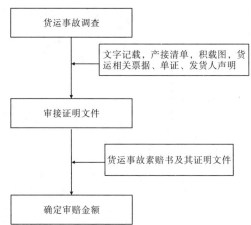

货运事故的赔偿金额,原则上按实际损失金额确定。货物灭失时,按灭失货物的价值赔偿;货物损坏时,按损坏所降低的价值或为修复损坏所需的修理费赔偿。凡已向保险公司投保的货物发生责任事故,承运人应负责限额内的赔偿,其余由保险公司按承保范围给予经济补偿。

4. 货运事故索赔程序和材料

(1)索赔程序。货运事故索赔程序如表 12-3 所示。

表 12-3 货运事故索赔程序

```
损失通知
  ↓
申请检验
  ↓
向第三者责任方索赔
  ↓
合理施救
  ↓
索赔准备
  ↓
等候结案
```

(2)所需材料。保险单;运输合同;发票;重量单;向承运人等第三者请求赔偿的函电或其他有关单证;检验报告;海事报告;货损差证明;索赔清单;索赔授权书。

(3)索赔时效。货物损失或部分灭失的赔偿,自货物交付之日或应付之日起计算,最迟为收到货物的14天内;运输延误的赔偿,自货物交付之日或应付之日起计算,最迟为自货由收货人支配起21天内;货物全部灭失的赔偿自货物按期运到后30天内提出,最迟为自填开运单之日的120天内;补充支付运费、杂费、罚款的要求,或退还此项款额的赔偿要求,自付款之日起计算,如未付款,从货物交付之日起计算;支付变卖货物的货款,自变卖物之日起计算。

(4)索赔地点。始发站、目的站或损失事故发生的中间站均可作为索赔地点。

(5)索赔的最高限额。索赔最高以不超过声明价值为限,未办理声明价值的,按实际损失的价值进行赔偿,最高赔偿限额为20美元/千克。对已使用航段的运费不退还,但对未使用航段的运费,退还索赔人。

实训方法

根据所学知识,完成以下几个任务:
(1)缮制一份索赔函。
(2)明确货运事故划分。
(3)计算赔偿款额。

实训项目

1.情境资料

2014年7月13日,上海洋山港运往加拿大大米5,000千克,船号P62/3102068,7月19日发现货物被雨水浸湿3件。7月24日温尼伯港卸少10件,该货实际价值5万元,保价1万元。湿损货物统一按1.3元/千克降价处理。

2.实训要求

根据所学知识,明确货运事故划分,计算赔偿款项。
(1)事故责任该如何划分?
(2)承运人该赔偿多少金额?
(3)缮制一份索赔函。

索赔函

中国远洋航运公司:
_____年_____月_____日,我公司委托贵公司运输一批_____到_____,收货人约翰·史密斯在收到货物进行盘点时,发现_____缺失_____、损坏_____而拒绝接收,大米被退回。经贵公司和我公司查验,有关报告与估计的损失相符。该报告指出,此次损失由于贵公司运输、装卸不当,包装袋不合标准引致,故应由贵公司负责该等损失。

现按照报告结果向贵公司索偿:
 损失大米_____元;
 检验费_____元;
 合计_____英镑。

随函附上第 TS6478 号检验报告,烦请早日解决赔偿事宜。

采购部主任
托尼·斯密思
2014 年 7 月 20 日

3．实训考核

表 12-4　项目十二实训考核表

小组成员			评分		
序号	考核标准	分值(分)	自评(20%)	小组(30%)	教师(50%)
1	国际货运事故处理知识熟练掌握	20			
2	划分国际货运事故责任正确	10			
3	赔偿款金额确定得当	20			
4	索赔函缮制正确	20			
5	小组成员无违规违纪现象,协作能力好	30			
评价人签名					
综合得分					
评语				签名 　年　月　日	

综合实训一

实训目标

熟悉海运集装箱整箱货出口的流程；
正确填写出口业务的相关单据。

任务情境

2010年5月18日，广州盛威国际货运代理公司接到深圳三全农产品经营公司的委托，需要为其代理出口2吨面粉到美国加利福尼亚州克瑞斯糕点生产公司，为其提供制作面包饼干的原材料。三全农产品经营公司已将与克瑞斯糕点生产公司签订的合同、商业发票交给盛威国际货运代理公司，要求盛威国际货运代理公司全权辅助完成所有手续，包括拖车和报关等附加服务。

国际货物买卖合同

日　　期：2010年5月4号
合同号码：SK101150519
买　　方：克瑞斯糕点生产公司
卖　　方：深圳三全农产品经营公司
兹经买卖双方同意，按照以下条款由买方购进，卖方售出以下商品：
商品名称：低筋面粉
数　　量：400件
单　　价：2.00元/千克
总　　值：40,000元
包　　装：袋
生产国别：中国
支付条款：按CIF条件成交，按信用证支付方式收款
保　　险：保险金额为发票金额的110%
装运期限：2010年5月28日
起运港：中国深圳盐田港口
目的港：美国洛杉矶港口
索　　赔：在货到目的口岸45天内如发现货物品质、规格和数量与合同不符，除属保险公司或船方责任外，买方有权凭中国商检出具的检验证书或有关文件向卖方索赔换货或赔款，索赔地点为卸货港。
不可抗力：由于人力不可抗力的原因，发生在制造、装载或运输的过程中导致卖方延

期交货或不能交货者,卖方可免除责任。在不可抗力发生后,卖方须立即电告买方及在14天内以空邮方式向买方提供事故发生的证明文件,在上述情况下,卖方仍须负责采取措施尽快发货。

  仲裁:凡有关执行合同所发生的一切争议应通过友好协商解决,如协商不能解决,则将分歧提交中国国际贸易促进委员会按有关仲裁程序进行仲裁,仲裁将是终局的,双方均受其约束,仲裁费用由败诉方承担。

买方:赵谦	卖方:孙武
(授权签字)	(授权签字)
地址:美国加州市闽江路21号	地址:广东省深圳市南洲路348号
电话:001－3216325	电话:0755－65108781

商业发票

发票号:23541	日期:2010年5月10日
箱单号:SKHD0604	
公司名称和地址:克瑞斯糕点生产公司 美国加州市闽江路21号	
发货地:广东省深圳市	到货地:美国加州市
装货港:中国深圳盐田港口	卸货港:美国洛杉矶港口
船名船号:USAO/037W	装船日期:2010年5月28日

唛头	描述	数量	单价	总价
SKAS9897519/2	低筋面粉/low protein flour	2×20'箱/400件,毛重2.05吨,净重2吨	2.00元/千克	40,000元

总价:40,000元

  本次运输提单号:W02467928,信用证号为LC85974112,运输不分批不转船。计费标准为W/M,海运线路基本运费为60美元/运费吨,另加收20%燃油附加费、5%客户海运费佣金、1%货币附加费,订舱费200元,报关费100元,码头作业费250元,电放费100元,商检费100元。结算银行:中国银行深圳市南山路支行。

实训要求

  根据客户要求,完成面粉出口作业的各个环节。具体如下。

1. 接受委托订单,填写托运单

(1)海运出口托运单。

托运人_____
Shipper

编号_____ 船名_____
No. S/S

目的港_____

For

标记及号码 Marks & Nos.	件数 Quantity	货名 Description of Goods	重量千克 Weight Kilos	
			净 Net	毛 Gross
共计件数(大写) Total Number of Packages (In words)			运费付款方式	
运费计算		尺 码 Measurement		
备注				
抬头	ORDER OF	可否转船		可否分批	
通知		装期		效期		提单张数
		金额				
收货人		银行编号		信用证号		

制单日期　　月　　日

(2)出口货物明细单。

出口货物明细单			银行编号		外运编号	
年　月　日			核销单号		许可证号	
经营单位			合同号			
			信用证号			
			开证日期		收到日期	
提单或承运收据	抬头人		金额		收汇方式	
			货物性质		贸易国别	
	通知人		出口口岸		目的港	
			可否转运		可否分批	
	运费		装运期限		有效期限	
标记唛头	货名规格及货号	件数	数量	体积	毛重	净重	价格(成交条件)
						单价	总价
本公司注意事项			总体积			
			保险单	险别		
				保额		
				赔款地点		
外运外轮注意事项			船名			
			海关编号			
			放行日期			
			制单员			

2. 缮制托运联单,办理订舱手续

(1)装箱单。

出口商 EXPORTER 名称 Name： 地址 Address： 电话 TEL.： 传真号 FAX：	装箱单 PACKING LIST	
进口商 IMPORTER 名称 Name： 地址 Address： 电话 TEL.： 传真号 FAX：	箱单号 P/L No.：	
	发票号 INVOICE No.：	
	发票日期 INVOICE DATE：	
	合同号 CONTRACT No.：	

信用证号 Letter of Credit No.：		装运日期 Date of Shipment：				
出发港 FROM：		目的港 TO：				
唛头 Marks	商品描述 Description of Goods； Commodity No.	数量 Quantity	件数 Package	毛重 G. W.	净重 N. W.	体积 Meas.
总计 Total amount：						
出口商签章 Exporter stamp a signature						

(2) 载货清单。

编号_____

拖车号　　　　　　　　　　　　　集装箱编号
装货地点　　　　　　　　　　　　卸货地点
出境日期　　　　　　　　　　　　此载货清单共　　　　联

编号	货物名称及规格	唛头及编号	包装方式及件数	净重（千克）	价格（币种）	发货人	收货人
合计							

_____（承运人名称）　　声明：上列货物由本承运人承运，并负责向海关承担责任。
_____承运车辆进出境许可证号码。
驾驶员姓名：_____　　签名：_____　　日期：_____

合同号	海关关锁号		
海关监管方式 □过境 □其他	起运国海关批注、签章		指运国海关批注、签章
备注：	关员签名：		日期：

(3) 货物托运联单。

十联单第一联：集装箱货物托运单（货主留底）（B/N）

SHIPPER（发货人）：	D/R No.（编号）：	抬头：
CONSIGNEE（收货人）：	集装箱货物托运单	
NOTIFY PARTY（通知人）：	船代留底	第一联
PRE-CARRIAGE BY（前程运输）：	PLACE OF RECEIPT（收货地点）：	

续表

OCEAN VESSEL(船名) VOY. No.(航次):				PORT OF LOADING(装货港):			
PORT OF DISCHARGE(卸货港): PLACE OF DELIVERY(交货地点):					FINAL DESTINATION FOR THE MERCHANT'S REFERENCE(目的地):		
CONTAINER No.(集装箱号):	SEAL No.(封志号)	No. OF CONTAINERS OR PKGS(箱数或件数)	KIND OF PACKAGES: DESCRIPTION OF GOODS(包装种类与货名)		GROSS WEIGHT[毛重(千克)]:	MEASUREMENT[尺码(立方米)]	
TOTAL NUMBER OF CONTAINERS OR PACKAGES(IN WORDS)[(集装箱数或件数合计(大写)]							
FREIGHT & CHARGES		REVENUE TONS	RATE	PRE	PREPAID	COLLECT	
EX. RATE		PREPAID AT(预付地点)		PAYABLE AT(到付地点)	PLACE OF ISSUE(签发地点)		
		TOTAL PREPAID(预付总额)		No. OF ORIGINAL B/L(正本提单份数)			
SERVICE TYPE ON RECEIVE		SERVICE TYPE ON DELIVERY		REEFER TEMPERATURE REQUIRED		F	C
TYPE OF GOODS(种类)		ORDINARY(普通),REEFER(冷藏),DANGEROUS(危险),AUTO(裸装车辆)			DANGEROUS CARGO 危险品	CLASS: PROPERTY: IMDG CODE PAGE:UN No.	
		LIQUID(液体),LIVE ANIMAL(活动物),BULK(散货)					
可否转船:	可否分批:						
装期:	效期:						
金额:							
制单日期:							

注:其他各联略。

3.填写集装箱设备交接单,办理堆场提柜

集装箱设备交接单

集 装 箱 公 司

CONTAINER COMPANY FOR CHINA SINOTRANS   IN

集装箱发放/设备交接单   进场

EQUIPMENT INTERCHANGE RECEIPT   No.

用箱人/运箱人(CONTAINER USER/HAULIER)		提箱地点(PLACE OF DELIVERY)	
来自地点(WHERE FROM)		返回/收箱地点(PLACE OF RETURN)	
船名/航次(VESSEL/VOYAGE No.)	集装箱号(CONTAINER No.)	尺寸/类型(SIZE/TYPE)	营运人(CNTR. OPTR.)
提单号(B/L No.)	铅封号(SEAL. No.)	免费期限(FREE TIME PERIOD)	运载工具牌号(TRUCK,WAGON,BARGE No.)
出场目的/状态(PPS OF GATE-OUT/STATUS)	进场目的/状态(PPS OF GATE-IN/STATUS)		进场日期(TIME-IN)
进场检查记录(INSPECTION AT THE TIME OF INTERCHANGE)			
普通集装箱(GP CONTAINER)	冷藏集装箱(RF CONTAINER)	特种集装箱(SPECIAL CONTAINER)	发电机(GEN SET)
☐ 正常(SOUND) ☐ 异常(DEFECTIVE)	☐ 正常(SOUND) ☐ 异常(DEFECTIVE)	☐ 正常(SOUND) ☐ 异常(DEFECTIVE)	☐ 正常(SOUND) ☐ 异常(DEFECTIVE)
损坏记录及代号(DAMAGE & CODE) BR D M DR DL 破损 凹损 丢失 污箱 危标 (BROKEN) (DENT) (MISSING) (DIRTY) (DGLABEL) 左侧 右侧 前部 集装箱内部 (LEFT SIDE) (RIGHT SIDE) (FRONT) (CONTAINER INSIDE) 顶部(TOP) 底部(FLOOR BASE) 箱门(REAR) 如有异状,请注明程度及尺寸(REMARK)			

除列明者外,集装箱及集装箱设备交换时完好无损,铅封完整无误。

THE CONTAINER/ASSOCIATED EQUIPMENT INTERCHANGE IN SOUND

CONDITION AND SEAL INTACT UNLESS OTHERWISE STATED

用箱人/运箱人签署　　　　　（CONTAINER USER/HAULIER'S SIGNATURE）

码头/堆场值班员签署　　　　（TERMINAL/DEPOT CLERK'S SIGNATURE）

集　装　箱　公　司
CONTAINER COMPANY FOR CHINA SINOTRANS　　OUT
集装箱发放/设备交接单　　　　　　　　　　出场
EQUIPMENT INTERCHANGE RECEIPT　　　　No.

用箱人/运箱人(CONTAINER USER/HAULIER)		提箱地点(PLACE OF DELIVERY)	
发往地点(DELIVERED TO)		返回/收箱地点(PLACE OF RETURN)	
船名/航次(VESSEL/VOYAGE NO.)	集装箱号(CONTAINER No.)	尺寸/类型(SIZE/TYPE)	营运人(CNTR. OPTR.)
提单号(B/L No.)	铅封号(SEAL. No.)	免费期限(FREE TIME PERIOD)	运载工具牌号(TRUCK, WAGON, BARGE No.)
出场目的/状态(PPS OF GATE-OUTSTATUS)	进场目的/状态(PPS OF GATE-OUTSTATUS)		出场日期(TIME-OUT)

出场检查记录(INSPECTION AT THE TIME OF INTERCHANGE)

普通集装箱(GP CONTAINER)	冷藏集装箱(RF CONTAINER)	特种集装箱(SPECIAL CONTAINER)	发电机(GEN SET)
☐ 正常(SOUND) ☐ 异常(DEFECTIVE)	☐ 正常(SOUND) ☐ 异常(DEFECTIVE)	☐ 正常(SOUND) ☐ 异常(DEFECTIVE)	☐ 正常(SOUND) ☐ 异常(DEFECTIVE)

损坏记录及代号(DAMAGE & CODE)

BR	D	M	DR	DL
破损(BROKEN)	凹损(DENT)	丢失(MISSING)	污箱(DIRTY)	危标(DGLABEL)

左侧(LEFT SIDE)	右侧(RIGHT SIDE)	前部(FRONT)	集装箱内部(CONTAINER INSIDE)
顶部(TOP)	底部(FLOOR BASE)	箱门(REAR)	

如有异状,请注明程度及尺寸(REMARK)

除列明者外,集装箱及集装箱设备交换时完好无损,铅封完整无误。
THE CONTAINER/ASSOCIATED EQUIPMENT INTERCHANGE IN SOUND

CONDITION AND SEAL INTACT UNLESS OTHERWISE STATED

用箱人/运箱人签署（CONTAINER USER/HAWIER'S SIGNATURE）

码头/堆场值班员签署（TERMINAL/DEPOT CLERK'S SIGNATURE）

4．办理报关、报检手续

（1）中华人民共和国海关出口货物报关单。

预录入编号：735687435　　　　海关编号：DK0100347

出口口岸 上海港	备案号 BA10074	出口日期 2000－11－08	申报日期 2000－11－06
经营单位 上海明珠进出口公司	运输方式 江海	运输工具名称 长庆	提运单号 DR/0718
发货单位 上海明珠进出口公司	贸易方式 来料加工	征免性质 来料加工	结汇方式 信用证
许可证号	运抵国（地区） 日本	指运港 大阪	境内货源地 河北区
批准文号 200001001 核销单号 14387856900	成交方式 CFR	运费 000/	保费 000/	杂费 000/
合同协议号 KB2000/13	件数 42	包装种类 纸箱	毛重（千克） 1554.00	净重（千克） 1449.00
集装箱号 0	随附单据 检验证明		生产厂家 上海美服制衣厂

标记唛码及备注
SUMIKIN
KB2000/13…
OSAKA
NOS1—42
MADE IN CHINA

项号	商品编号	商品名称规格号	数量及单位	最终目的国（地区）	单价	总价	币制	征免
01	1600.0450	涤棉围裙	1600 件	日本	4.90	7,840.00	美元	来料加工

税费征收情况

续表

录入员录入单位	兹声明以上申报无讹并承担法律责任	海关审单批注及放行日期(签单)
	报关员 李雅 申报单位(签章) 单位地址 上海明珠进出口公司 (略) 邮编　　　电话　　　填制日期:2000—11—06	审单　　　　　　　审价

Shipper SHANGHAI JINXIN IMPORT & EXPORT CORP. 10 GEXIN ROAD, HEBEI DISTRICT. SHANGHAI CHINA	
Consignee TO ORDER	B/L No. 中国远洋运输(集团)总公司 CHINA OCEAN SHIPPING (GROUP) CO. COMBINED TRANSPORT BILL OF LADING
Notify party(通知人) WONDERFUL (HK) LTD. FREIL AGER SRSSE 47 ZURICH 80 43, SWIZERLAND	
Per-carriaged by　Place of receipt	
Ocean vessel Voy. No.　Port of loading TIANXIANG V-107　SHANGHAI, CHINA	
Port of discharge　　Place of delivery　　Final destination HAMBURG	

Marks & Nos. Container/seal No.	No. of Containers Or P'kgs	Kind of Packages; Descrip of Goods	Gross weight 850.00kg	Measurement 3.12 m^3
WND BR2000/93 HAMBURG NOS1—10	10 bales	BALES(1,734 SQ FT)OF CARPETS "FREIGHT PREPAID"		

Total number of containers
Or packages(in words) TEN BALES ONLY

续表

Freight & charges	Revenue tons	Rate	Per	Repaid	Collect
Ex rate	Prepaid at SHANGHAI		Payable at	Place and date of issue SHANGHAI MAR. 16 2,000	
	Total prepaid		No. of original B(S)/L THREE	Signed for the carrier	

(2) 出境货物报检单。

中华人民共和国出入境检验检疫

出境货物报检单

报检单位(加盖公章): 青岛捷顺报关有限公司　　　　＊编号

报检单位登记号：　联系人：　电话：　报检日期：　年　月　日

发货人	(中文)				
	(外文)				
收货人	(中文)				
	(外文)				
货物名称(中/外文)	H.S.编码	产地	数/重量	货物总值	包装种类及数量
运输工具名称号码			贸易方式		货物存放地点
合同号			信用证号		用途
发货日期		输往国家(地区)		许可证/审批号	
起运地		到达口岸		生产单位注册号	
集装箱规格、数量及号码					
合同订立的检验检疫条款或特殊要求		标记及号码		随附单据(画"√"或补填)	
		N		□合同　　　　□包装性能结果单 □信用证　　　□许可/审批文件 □发票　　　　□ □换证凭单　　□ □装箱单　　　□ □厂检单　　　□	
需要证单名称(画"√"或补填)				＊检验检疫费	
□品质证书　　_正_副 □重量证书　　_正_副 □数量证书　　_正_副 □兽医卫生证书 _正_副 □健康证书　　_正_副 □卫生证书　　_正_副 □动物卫生证书 _正_副		□植物检疫证书 _正_副 □熏蒸/消毒证书 　　　　　　　_正_副 □出境货物换证凭单 □出境货物通关单 □		总金额 (人民币:元)	
				计费人	
				收费人	

续表

报检人郑重声明： 1.本人被授权报检。 2.上列填写内容正确属实,货物无伪造或冒用他人的厂名、标志、认证标志,并承担货物质量责任。 签名：	领 取 证 单	
	日 期	
	签 名	

注："*"栏由出入境检验检疫机关填写　　　　◆国家出入境检验检疫局制

5. 给客户发放提单,完成结算工作

(1)海运提单。

1. SHIPPER（托运人）		B/L No.
2. CONSIGNEE（收货人）		COSCO 中国远洋运输(集团)总公司 CHINA OCEAN SHIPPING (GROUP) CO.
3. NOTIFY PARTY（通知人）		
4. PRE-CARRIAGE BY（前程运输）	5. PLACE OF RECEIPT（收货地）	
6. OCEAN VESSEL VOY. NO.（船名及航次）	7. PORT OF LOADING（装货港）	ORIGINAL Combined Transport Bill of Lading
8. PORT OF DISCHARGE（卸货港）	9. PLACE OF DELIVERY（交货地）	10. FINAL DESTINATION FOR THE MERCHANT'S REFERENCE（目的地）
11. MARKS（唛头）	12. NOS. & KINDS OF PKGS（包装种类和数量）	13. DESCRIPTION OF GOODS（货物名称）	14. G. W.（KG）（毛重）	15. MEAS.（m³）（体积）
16. TOTAL NUMBER OF CONTAINERS OR PACKAGES (IN WORDS)（总件数）				
17. FREIGHT & CHARGES（运费支付）	REVENUE TONS（计费吨数）	RATE（运费率）	PER（计费单位）	PRE-PAID（运费预付）	COL-LECT（运费到付）
PREPAID AT（预付地点）	PAYABLE AT（到付地点）	18. PLACE AND DATE OF ISSUE（出单地点和时间）
TOTAL PREPAID（预付总金额）	19. NUMBER OF ORIGINAL B(S)/L（正本提单的份数）	22. SIGNED FOR THE CARRIER（承运人签章） 中国远洋运输(集团)总公司 CHINA OCEAN SHIPPING (GROUP) CO. ×××
20. DATE（装船日期）	21. LOADING ON BOARD THE VESSEL BY（船名）	

(2)出口货物运输保险投保单。

中国人民财产保险股份有限公司
(PICC Property and Casualty Company Limited)

出口货物运输保险投保单
(APPLICATION FORM FOR EXPORTING CARGO TRANSPORTATION INSURANCE)

投保日期(Date):20100602

发票号码(Invoice No.) 合同号 信用证号 L/C No. 1111111/14			投保条款和险别(Insurance clauses and risks)
A statement Insurance is required on the following commodities: 兹有下列物品投保:			( ) PICC CLAUSE 中国人民保险公司保险条款 ( ) ICC CLAUSE 英国协会货物险条款
MARKS & Nos. 唛头	packing and quantity 包装及其数量	description of goods 货物描述	(√) ALL RISKS 一切险 ( ) W.A. 水渍险 ( ) F.P.A. 平安险
保险金额(Insured amount)	RMB (2,000)		( ) WAR RISKS 战争险 ( ) S.R.C.C. 罢工,暴动,民变险
起运港(The Loading Port)			( ) ICC Clause B 英国协会货物险条款 B
开航日期(Date of Commencement)	2010.05.29	船名(Conveyance) SUNNY	( ) ICC Clause C 英国协会货物险条款 C ( ) Air TPT All Risks 航空运输综合险
转内陆 Via			( ) Air TPT Risks 航空运输险 ( ) O/L TPT All Risks 陆路运输综合险
目的港(Destination)			( ) O/L TPT Risks 陆路运输险 ( ) Transhipment Risks 转运险
赔款地点(Claims Payable At)			( ) W/W 仓至仓条款 ( ) TPND 偷窃提货不着险
赔付币种(Pay for currency)	(RMB) in the currency of draft (credit)		( ) FREC 火险责任扩展条款 ( ) IOP 无免赔率
保单份数(Original No.)	(2+1)张		(√) RFWD 淡水雨淋险 ( ) Risk of Breakage 破损险

续表

其他特别条款 (Other Clauses)	The insured confirms herewith the terms and conditions of these insurance contract fully understood. 被保险人确认本保险合同条款和内容已经完全了解。 The interpretation of this proposal shall be subject to English version. 本投保单内容以英文为准。 Only the written form contract will be operated, any other form will be not approved. 本保险合同一律采用书面形式,双方不认可其他形式的约定。 This Insurance contract will be effective when the policy is issued by the underwriter and when the insurance premium is received according to the terms of the contract by this company. 本保险合同自保险人核保并签发保险单后成立,自投保人依约缴费后生效,保险人自本保险合同生效后开始承担保险责任。 In the event of any dispute arising from its implementation or enforcement, either of the parties to the Contract of Insurance may make application to the China International Arbitration Committee, whose judgements shall be given in accordance with such rules of arbitration as are then in effect. 因履行保险合同发生争议的,一方可向中国国际仲裁委员会依该会届时有效的仲裁规则申请仲裁。
Together With The Following Documents 随附产品资料 (1) Manual 产品说明书 (2) Certification of Quality 质量合格证书 (3) Safety Warning Mark 安全警告标记 (4) License(s) 许可证 (5) Quality Inspection Report 质量检验报告 (6) Sales Contract 销售合同 (7) Design Drawing 设计图纸 (8) Else 其他	
以下由保险公司填写 Following insurance companies to fill	
保单号码(Proposal No.)　　0101172159	签单日期(Date)　　20100602

投保人(The Insured)
China alupa Co., LTD

(3)货物残损单。

DAMAGE CARGO LIST

船名:　　　　航次:　　　　泊位:　　　　国籍:
Vessel:　　　Voy.　　　　Berth:　　　　Nationality:
开工日期:　年　月　日　制单日期:　年　月　日　编号:
Tally Commenced on:　　　　Date of list　　　　No.:

提单号 B/L No.	标志 Marks	货名 Description	货损件数和包装 P'kgs. & Packing Damaged	货损情况 Condition of damage

(4) 货物溢短单。

船名： 航次： 泊位： 国籍：
Vessel： Voy. Berth： Nationality：
开工日期： 年 月 日 制单日期： 年 月 日 编号：
Tally Commenced on： Date of list No.：

提单号 B/L No.	标志 Marks	货名 Description	舱单记载件数和包装 P'kgs. & Packing on Manifest	溢卸件数和包装 P'kgs. & Packing overlanded	短卸件数和包装 P'kgs. & Packing shortlanded
总计 Total					

(5) 进口货物 $\binom{现提}{出库}$ 凭单。

进口船名 航次	起运港	填单日期 20 年 月 日	到船日期 20 年 月 日
收货人	名称 (全名)	货物 流向	出货日期 20 年 月 日	进仓日期 20 年 月 日
	地址 电话	开户银行 账号	出货 工具	码头 仓库 停泊 第 号 浮筒 堆场

续表

运输标志	提单或运单号码	标志	货名	件数	包装	重量吨		体积吨		工作过程	附注
						吨	千克	吨	千克		
共计											

(6) 货物现提记录。

20　年　月　日至　月　日　　　　　栈费已付

现提日期		货名	现提数量				尚存数量				现提工具号数	收货人签章	发货人签章
月	日		件数	包装	重量吨		体积吨		件数	包装	重量吨	体积吨			

重做表格：

现提日期		货名	现提数量						尚存数量						现提工具号数	收货人签章	发货人签章
月	日		件数	包装	重量吨		体积吨		件数	包装	重量吨		体积吨				
					吨	千克	吨	千克			吨	千克	吨	千克			

装卸区签单章　　　　　仓库长章　　　　　收货人章

·不按时到达提货造成等工损失货主应负责任·

(7) 费用结算单。

客户名称　　　　　　　客户编号　　　　　　　开航日期
船名航次　　　　　　　提　单　号　　　　　　目　的　港
发　票　号
业　务　员

费用项目	收款单位	应付金额
燃油附加税	USD	
码头作业费	RMB	
订舱费	RMB	
报关费	RMB	
商检费	RMB	

续表

海运费	USD	
电放费	RMB	
客户海运费佣金	USD	
货币附加费	USD	

户　名：

开户行(RMB)：　　　　　　　联 系 人：

开户行(USD)：　　　　　　　联系方式：

账　号：　　　　　　　　　　TEL.：

人民币(RMB)：　　　　　　　FAX：

美　元(USD)：　　　　　　　制单日期：

综合实训二

实训目标

熟悉海运集装箱拼箱货进口的流程；
正确填写进口业务的相关单据。

任务情境

2011年11月2日，深圳优酷国际贸易公司从荷兰金元贸易有限公司进口奶粉，总重8,000kg，体积80m³，分为10个袋子包装。优酷国际贸易公司委托广州盛威国际货运代理公司办理进口代理手续。另外，深圳世源大酒店要从荷兰进口一批速食牛肉，总重3,000kg，体积4m³，分6个箱子包装，需要委托广州盛威国际货运代理公司为其办理进口货代手续。广州盛威国际货运代理公司将根据从优酷国际贸易公司和世源大酒店收集的相关单证办理货代手续。

船公司提单

1. SHIPPER（托运人）荷兰金元贸易有限公司		B/L No. HS2467928
2. CONSIGNEE（收货人） 广州盛威国际货运代理公司 广东省深圳市复兴路61号 电话：0755—65617812		COSCO 中国远洋运输(集团)总公司 CHINA OCEAN SHIPPING (GROUP) CO.
3. NOTIFY PARTY（通知人）广州盛威国际货运代理		ORIGINAL Combined Transport Bill of Lading
4. PRE-CARRIAGE BY （前程运输）	5. PLACE OF RECEIPT （收货地） 中国深圳	
6. OCEAN VESSEL VOY. No.（船名及航次） COH5142/H2516	7. PORT OF LOADING （装货港） 荷兰鹿特丹	
8. PORT OF DISCHARGE （卸货港）深圳盐田港口	9. PLACE OF DELIVERY （交货地）深圳盐田港口	10. FINAL DESTINATION FOR THE MERCHANT'S REFERENCE（目的地）深圳盐田港口

续表

11.MARKS (唛头)	12. NoS. & KINDS OF PKGS (包装种类和数量) 袋/10 箱/6	13. DESCRIP-TION OF GOODS (货物名称) 奶粉 速食牛肉	14. G. W. (kg) (毛重) 8,000kg 2,000kg	15. MEAS. (m³) (体积) 80m³ 4m³
16. TOTALNUMBER OF CONTAINERS OR PACKAGES(IN WORDS) (总件数)16				
17. FREIGHT & CHARGES (运费)	REVENUE TONS (计费吨数)10,000kg	RATE(运费率)	PER(计费单位)	PREPAID(运费预付)	COLLECT (运费到付)
PREPAID AT (预付地点) 荷兰鹿特丹	PAYABLE AT (到付地点)	18. PLACE AND DATE OF ISSUE (出单地点和时间)2011年12月26日,深圳盐田		
TOTAL PRE-PAID (预付总金额) 200美元	19. NUMBER OF ORIGINAL B(S)/L (正本提单的份数) 3	22. SIGNED FOR THE CARRIER (承运人签章)		
20. DATE (装船日期) 2011年12月12日	21. LOADING ON BOARD THE VESSEL BY(船名) COH5142	中国远洋运输(集团)总公司 CHINA OCEAN SHIPPING (GROUP) CO. 2011年12月26日		

实训要求

根据客户要求,完成拼箱进口作业的各个环节。具体如下。

1.接受委托,办理进口订舱手续

进口订舱联系单。

编号: 年 月 日

货名(英文)			
重 量		尺 码	
合同号		包 装	
装卸港		交货期	
装货条款			
发货人名称、地址			
发货人电挂			
订妥船名		预抵港口	
备 注		委托单位	

注:危险品须注明性能,重大物件注明每件重量及尺码,装货条款须详细注明。

2. 到港提货,制作货代提单

"交货记录"联单。

第一联:到货通知书

地区、场、站

收货人/通知方　　　　　　　　　　　　　　　　　　年　　月　　日

您单位下列进口货物已抵港,请速凭正本提单并背书后来我公司办理提货手续。

收货人	名称:		
	地址:		
船名:	航次:	起运港:	目的地:
提单号:	交付条款:	到付海运费:	合同号:
提货地点:	到达日期:	进库场日期:	第一程运输:
标记与集装箱号	货名	集装箱数与件数	重量/kg	体积/m³

交付收货人,特此通知。

第二联:提货单

地区、场、站

收货人/通知方　　　　　　　　　　　　　　　　　　年　　月　　日

收货人	名称:		
	地址:		
船名:	航次:	起运港:	目的地:
提单号:	交付条款:	到付海运费:	合同号:
提货地点:	到达日期:	进库场日期:	第一程运输:

续表

标记与集装箱号/铅封号	货 名	集装箱数与件数	重量/kg	体积/m³

请核对放货

　　　　　　　　　　　　　　　　　　　　　公司

凡属法定检验,检疫的进口商品,必须向有关监督机构申报。

收货人章		海关章	

第五联:交货记录

　　　　　　　　　　　　　　　　　　　　　　　年　　月　　日

| 收货人 | 名称: | | 收货人开户: |
| | 地址: | | 银行与账户: |

船名:	航次:	起运港:	目的地:
提单号:	交付条款:	到付海运费:	合同号:
提货地点:	到达日期:	进库场日期:	第一程运输:

标记与集装箱号/铅封号	货 名	集装箱数与件数	重量/kg	体积/m³

请核对放货

　　　　　　　　　　　　　　　　　　　　　公司

凡属法定检验,检疫的进口商品,必须向有关监督机构申报。

收货人章		经办人:	核准人:

3.办理进口货物报关报检手续

(1)代理报关委托书。

编号：

我单位　　　现委托贵公司代理　　　　　等通关事宜。详见《委托报关协议》。

我单位保证遵守《海关法》和国家有关法规,保证所提供的情况真实、完整、单货相符。否则,愿承担相关法律责任。

本委托书有效期自签字之日起至　　　年　　月　　日止。

委托方(盖章)：

(代表人或其授权签署《代理报关委托书》的人签字)

　年　　月　　日

(2)中华人民共和国海关进口货物报关单。

预录入编号：　　　　　　　　　　　　海关编号：

进口口岸*		备案号	进口日期*	申报日期
经营单位		运输方式水路运输	运输工具名称	提运单号
收货单位*		贸易方式	征免性质	征税比例*
许可证号		起运国(地区)*	装货港*	境内目的地*
批准文号		成交方式	运费	保费	杂费
合同协议号		件数	包装种类	毛重(千克)	净重(千克)
集装箱号		随附单据		用途*	
标记唛码及备注					
项号　商品编号　商品名称、规格型号　数量及单位　原产国(地区)　单价　总价　币制　征免					
税费征收情况 (海关批注)					

续表

录入员		录入单位		兹声明以上申报无讹并承担法律责任	海关审单批注及放行日期(签章)
报关员					审单 审价
单位地址				申报单位(签章)	征税 统计
邮编		电话		填制日期	

(3)中华人民共和国出入境检验检疫。

出境货物报检单

报检单位(加盖公章)：青岛捷顺报关有限公司　　　　　　　＊编号

报检单位登记号：　　联系人：　　电话：报检日期：　　年　　月　　日

发货人	(中文)				
	(外文)				
收货人	(中文)				
	(外文)				
货物名称(中/外文)	H.S.编码	产地	数/重量	货物总值	包装种类及数量
运输工具名称号码		贸易方式		货物存放地点	
合同号		信用证号		用途	
发货日期		输往国家(地区)		许可证/审批号	
起运地		到达口岸		生产单位注册号	
集装箱规格、数量及号码					
合同订立的检验检疫条款或特殊要求	标记及号码		随附单据(画"√"或补填)		
	N		□合同 □信用证 □发票 □换证凭单 □装箱单 □厂检单	□包装性能结果单 □许可/审批文件 □ □ □ □	
需要证单名称(画"√"或补填)			＊检验检疫费		

		总金额 (人民币/元)	
□品质证书 _正_副 □重量证书 _正_副 □数量证书 _正_副 □兽医卫生证书_正_副 □健康证书 _正_副 □卫生证书 _正_副 □动物卫生证书_正_副	□植物检疫证书 _正_副 □熏蒸/消毒证书 _正_副 □出境货物换证凭单 □出境货物通关单 □ □	计费人	
		收费人	
报检人郑重声明: 1.本人被授权报检。 2.上列填写内容正确属实,货物无伪造或冒用他人的厂名、标志、认证标志,并承担货物质量责任。 签名:		领 取 证 单	
		日 期	
		签 名	

注:有"﹡"栏由出入境检验检疫机关填写　　◆国家出入境检验检疫局制

4.提货与拆箱

装箱设备交接单。

集 装 箱 公 司
CONTAINER COMPANY FOR CHINA SINOTRANS　　IN
集装箱发放/设备交接单　　进场
EQUIPMENT INTERCHANGE RECEIPT　　No.

用箱人/运箱人(CONTAINER USER/HAULIER)		提箱地点(PLACE OF DELIVERY)	
来自地点(WHERE FROM)		返回/收箱地点(PLACE OF RETURN)	
船名/航次(VESSEL/ VOYAGE No.)	集装箱号(CONTAINER No.)	尺寸/类型(SIZE/TYPE)	营运人(CNTR. OPTR.)
提单号 (B/L No.)	铅封号 (SEAL No.)	免费期限(FREE TIME PERIOD)	运载工具牌号(TRUCK, WAGON,BARGE No.)
出场目的/状态(PPS OF GATE-OUT/STATUS)		进场目的/状态(PPS OF GATE-IN/STATUS)	进场日期(TIME-IN)
进场检查记录(INSPECTION AT THE TIME OF INTERCHANGE)			

续表

普通集装箱(GP CONTAINER)	冷藏集装箱(RF CONTAINER)	特种集装箱(SPECIAL CONTAINER)	发电机(GEN SET)
☐ 正常(SOUND) ☐ 异常(DEFECTIVE)	☐ 正常(SOUND) ☐ 异常(DEFECTIVE)	☐ 正常(SOUND) ☐ 异常(DEFECTIVE)	☐ 正常(SOUND) ☐ 异常(DEFECTIVE)

损坏记录及代号(DAMAGE & CODE)

BR 破损 (BROKEN)	D 凹损 (DENT)	M 丢失 (MISSING)	DR 污箱 (DIRTY)	DL 危标 (DGLABEL)
左侧 (LEFT SIDE)	右侧 (RIGHT SIDE)	前部 (FRONT)	集装箱内部 (CONTAINER INSIDE)	
顶部(TOP)	底部(FLOOR BASE)	箱门(REAR)		

如有异状,请注明程度及尺寸(REMARK)

除列明者外,集装箱及集装箱设备交换时完好无损,铅封完整无误。
THE CONTAINER/ASSOCIATED EQUIPMENT INTERCHANGE IN SOUND
CONDITION AND SEAL INTACT UNLESS OTHERWISE STATED

用箱人/运箱人签署　　　　(CONTAINER USER/HAULIER'S SIGNATURE)
码头/堆场值班员签署　　　(TERMINAL/DEPOT CLERK'S SIGNATURE)

集　装　箱　公　司
CONTAINER COMPANY FOR CHINA SINOTRANS　　OUT
集装箱发放/设备交接单　　　出场
EQUIPMENT INTERCHANGE RECEIPT　　　No.

用箱人/运箱人(CONTAINER USER/HAULIER)		提箱地点(PLACE OF DELIVERY)	
发往地点(DELIVERED TO)		返回/收箱地点(PLACE OF RETURN)	
船名/航次(VESSEL/VOYAGE No.)	集装箱号(CONTAINER No.)	尺寸/类型(SIZE/TYPE)	营运人(CNTR. OPTR.)
提单号(B/L No.)	铅封号(SEAL No.)	免费期限(FREE TIME PERIOD)	运载工具牌号(TRUCK, WAGON, BARGE No.)

续表

出场目的/状态(PPS OF GATE-OUT/STATUS)	进场目的/状态(PPS OF GATE-IN/STATUS)	出场日期(TIME-OUT)
出场检查记录(INSPECTION AT THE TIME OF INTERCHANGE)		
普通集装箱(GP CONTAINER)	冷藏集装箱(RF CONTAINER)	特种集装箱(SPECIAL CONTAINER)	发电机(GEN SET)
□ 正常(SOUND) □ 异常(DEFECTIVE)	□ 正常(SOUND) □ 异常(DEFECTIVE)	□ 正常(SOUND) □ 异常(DEFECTIVE)	□ 正常(SOUND) □ 异常(DEFECTIVE)
损坏记录及代号(DAMAGE & CODE) BR　　　　　　D　　　　　　M　　　　　　DR　　　　　　DL 破损　　　　　凹损　　　　　丢失　　　　　污箱　　　　　危标 (BROKEN)　　(DENT)　　(MISSING)　　(DIRTY)　　(DGLABEL) 左侧　　　　　右侧　　　　　前部　　　　　集装箱内部 (LEFT SIDE)　(RIGHT SIDE)　(FRONT)　　(CONTAINER INSIDE) 顶部(TOP)　　底部(FLOOR BASE)　　箱门(REAR) 　　　　　　　　　　　　　　　如有异状,请注明程度及尺寸(REMARK)			

除列明者外,集装箱及集装箱设备交换时完好无损,铅封完整无误。
THE CONTAINER/ASSOCIATED EQUIPMENT INTERCHANGE IN SOUND CONDITION AND SEAL INTACT UNLESS OTHERWISE STATED
用箱人/运箱人签署(CONTAINER USER/HAULIER'S SIGNATURE)
码头/堆场值班员签署(TERMINAL/DEPOT CLERK'S SIGNATURE)

5.结算与放货

进口付汇核销单(代申报单)。
　　单局代码：　　　　　　　　　　核销单编号：

单位代码	单位名称	所在地外汇局名称
付汇银行名称	收汇人国别	交易编码
收款人是否在保税区:是　　否	交易附言	
对外付汇币种	对外付汇金额	
其中:购汇金额	现汇金额	其他方式金额
人民币账号	外汇账号	

续表

付 汇 性 质			
正常付汇			
不在名录	90天以上信用证	90天以上托收	异地付汇
90天以上到货	转口贸易	境外工程使用物资	真实性审查
备案表编号			

预计到货日期　/　/	进口批件号	合同/发票号

结　算　方　式
信用证 90天以内　90天以上　承兑日期　/　/　付汇日期　/　/　期限　　天

托收 90天以内　90天以上　承兑日期　/　/　付汇日期　/　/　期限　　天

预付货款	货到付汇(凭报关单付汇)	付汇日期　/　/	
报关单号	报关日期　/　/	报关单币种	金额
报关单号	报关日期　/　/	报关单币种	金额
报关单号	报关日期　/　/	报关单币种	金额
报关单号	报关日期　/　/	报关单币种	金额
报关单号	报关日期　/　/	报关单币种	金额
(若报关单填写不完,可另附纸。)			

其他	付汇日期　/　/

以下由付汇银行填写
申报号码：
业务编号：　　　审核日期：　/　/　　(付汇银行签章)

进口单位签章

参考文献

[1] 中国国际贸易学会商务专业培训考试办公室. 外贸业务理论与实务[M]. 北京：中国商务出版社, 2012.

[2] 田运银. 国际贸易实务精讲[M]. 北京：中国海关出版社, 2014.

[3] 杨占林. 国际货运代理实务精讲[M]. 北京：中国海关出版社, 2009.

[4] 章安平. 外贸单证操作[M]. 北京：高等教育出版社, 2011.

[5] 周启良. 国际物流与货运代理[M]. 北京：中国传媒大学出版社, 2011.

[6] 杜清萍. 国际货运代理实训[M]. 北京：科学出版社, 2011.

[7] 王艳, 李作聚. 国际货运代理业务流程设计实训手册[M]. 北京：清华大学出版社, 2011.

[8] 顾晓滨. 进出口报关业务基础与实务[M]. 上海：复旦大学出版社, 2010.

[9] 国际商会中国国家委员会. ICC 跟单信用证统一惯例（UCP600）[M]. 北京：中国民主法制出版社, 2006.

[10] 全国国际商务单证培训认证考试办公室. 国际商务单证理论与实务[M]. 北京：中国商务出版社, 2014.